L'islam
expliqué aux enfants
(et à leurs parents)

Tahar Ben Jelloun

L'islam
expliqué aux enfants
(et à leurs parents)

Éditions du Seuil

ISBN 978-2-02-106442-1

(ISBN : 978-2-02-053625-7, 1re édition)

© Éditions du Seuil, janvier 2002
et janvier 2012 pour l'introduction et les annexes

www.seuil.com

à Ismane

Introduction
à l'édition de 2012

La première version de ce livre a été écrite juste après les attentats du 11 septembre 2001 contre les tours jumelles à New York. On avait à l'époque beaucoup parlé de l'« intégrisme islamique » dont se réclamaient les terroristes qui attaquèrent les États-Unis en ce matin de septembre. Dix ans après, la perception de l'islam reste entachée de quelques préjugés. Celui qui avait programmé et organisé ces attaques contre l'Amérique, Oussama Ben Laden, a été abattu par un commando américain le 2 mai 2011. Il était caché dans une maison fortifiée dans la ville d'Abbottabad à 50 km d'Islamabad, la capitale du Pakistan. Son corps criblé de balles n'était pas présentable et ne pouvait être montré à la presse. Les Américains décidèrent de le jeter à la mer. Le président des États-Unis, Barack Obama déclara : « Justice est faite. »

On peut dire cependant que l'amalgame entre terrorisme et islam, s'il persiste dans certaines mentalités, est de moins en moins fréquent. Les journalistes ont appris à éviter ce genre de raccourci qui génère une vision fausse de la religion musulmane.

A-t-on pour autant réussi à redonner à l'islam la place qui lui revient à côté des deux autres monothéismes, le judaïsme et le christianisme, dont il s'est inspiré ? Est-on parvenu à modifier la vision que le grand public a des musulmans ? Sur ce dernier point, on ne peut pas dire que l'image des musulmans, notamment en Europe, s'est beaucoup améliorée.

Il règne dans les mentalités une confusion dont certains profitent. Ainsi, on ne fait pas la différence entre sunnisme (rite classique) et chiisme (rite divergent et aux pratiques très particulières) ; on confond les talibans afghans et les Frères musulmans égyptiens. On pense que l'islam iranien (chiite) est le même que celui de certains immigrés en Europe. On parle de chari'a sans préciser le sens de ce terme. On mélange tout : le politique, le terrorisme crapuleux, la guerre de l'opium, la lapidation des femmes adultères, le port du voile, celui de la burqa intégrale, le discours fanatique et les textes de la spiritualité, l'islam d'Arabie Saoudite et celui de France, par exemple, celui du Pakistan et celui des pays du Maghreb, etc.

L'islam n'est pas un bloc monolithique. Il est traversé par plusieurs tendances, vécu de manière différente selon les pays où il existe.

Plus que jamais, une pédagogie de clarification est nécessaire.

Dernière religion révélée, l'islam est apparu au VIIᵉ siècle et a clos le cycle entamé par le judaïsme puis le christianisme. L'islam est une religion relativement jeune puisqu'elle n'a que quatorze siècles. Elle se répand davantage que le catholicisme et concerne aujourd'hui plus d'un milliard de personnes. Elle est entrée sur la scène politique internationale avec la révolution iranienne de 1978 et la victoire des ayatollahs sur le régime du shah d'Iran – régime soutenu alors par l'Occident. C'est à ce moment-là que l'islam est redevenu politique, renouant ainsi avec ses débuts lorsque le prophète Mahomet était un « prophète armé » comme l'a désigné l'islamologue Maxime Rodinson dans son essai *Mahomet* (Seuil, 1979). L'islam chiite va séduire des peuples et s'immiscer dans des conflits comme ceux du Proche-Orient. La politisation de l'islam se nourrira par ailleurs de la lutte contre l'invasion russe en Afghanistan. L'Arabie Saoudite – un des pays musulmans qui suit le rite wahabbite du nom d'un théologien du XVIIIᵉ siècle qui prônait un islam très dur, fermé sur lui-même, interprété à la lettre et de manière très rétrograde – et d'autres États musulmans financeront des commandos de djihadistes pour lutter contre la présence communiste, donc athée, des Russes dans ce pays. Ces derniers quitteront l'Afghanistan mais seront vite remplacés par les Américains et les Européens qui renverseront le régime taliban et s'emploieront à combattre l'influence de ce groupe extrémiste à la mentalité obscurantiste, qui comprend l'islam de manière caricaturale pour ne pas dire totalement erronée.

À la suite de ces événements, l'islam va être mêlé au terrorisme, au fanatisme, à la défaite de la pensée critique, à la haine de l'Occident, et sera parfois assimilé à une barbarie totalement étrangère à son esprit et à son histoire.

La manipulation des textes religieux est facile. Tout dépend de la lecture qu'on en fait. Ainsi très tôt le Coran a été lu par certains de manière littérale, sans recul, en abandonnant toute rationalité et interprétation large et symbolique. Pourtant, au IXe siècle, l'école d'un mouvement appelé mutazilisme avait choisi la voie de la rationalité et avait lu le Coran en donnant à la raison un pouvoir souverain. Les mutazilites disaient que Dieu avait donné aux êtres humains la puissance d'agir librement, que les hommes étaient responsables de leurs actes et qu'ils seraient jugés à la fin des temps en fonction de ce qu'ils avaient fait. Cette position n'a pas plu aux tenants de la Tradition qui rejetaient violement la notion de libre arbitre humain, l'assimilant à un obstacle face à la puissance absolue de Dieu. Cette puissance n'est pas à la portée de la raison humaine.

Autour du livre sacré, le Coran, le débat fut violent. Les rationalistes (les mutazilites) disaient que le Coran avait été créé, qu'il était donc distinct de Dieu ; les conservateurs (les tenants de la tradition) disaient qu'il avait été incréé et participait donc de la substance de Dieu, et faisaient de ce texte l'« unique miracle que reconnaît l'islam ».

Nous avons là non seulement deux visions de la religion musulmane mais aussi deux visions du monde. Les traditionnalistes l'ont emporté, ce qui explique que des États musulmans continuent aujourd'hui d'interpréter le Coran de manière littérale et appliquent la chari'a, la législation traditionnelle qui était en cours à l'époque où l'islam s'imposait en Arabie.

De ce fait, des croyants comprennent le Coran comme un texte qui doit conforter leur foi et non leur intelligence. Ils le lisent sans le mettre en perspective, pis que cela, ils s'interdisent toute pensée. Ils l'apprennent par cœur et le récitent mécaniquement sans s'arrêter et réfléchir au contexte dans lequel tel verset a été révélé ni au sens de telle ou telle sourate. Ils se contentent de psalmodier le Coran sans oser l'interroger et surtout sans le confronter à la réalité de l'existence, à l'évolution du monde, aux changements des mentalités.

Il est utile ici de rappeler que le Coran est composé de 6 236 versets révélés à Mahomet durant une vingtaine d'années dans des lieux différents et des situations historiques précises. Ce n'est que vingt ans après la mort du prophète que les 6 236 versets ont été réunis en un volume divisé en chapitres (les sourates) et suivant un ordre qui n'a pas été expliqué. Ce furent les cinq compagnons les plus proches du prophète qui, sous la direction d'Othman, le troisième calife, se sont servis de leur mémoire pour rassembler les versets et composer un livre sacré, le Coran. Ils firent de même pour les dits et paroles du Prophète, ce qu'on appelle les « Hadiths » qui sont des commentaires, des propos philosophiques, des informations sur les circonstances dans lesquelles ces versets ont été révélés. Ces témoignages des compagnons de Mahomet apportent un éclairage intelligent sur le texte coranique.

Une lecture du Coran entreprise sous le double signe de la foi et de l'intelligence est recommandée par Dieu lui-même. L'homme a le choix de faire le bien ou de faire le mal, d'agir selon son libre arbitre. Il sera jugé sur ses actes le jour du Jugement dernier. La responsabilité de l'être humain est ainsi clairement indiquée dans le Coran.

La question qui se pose alors aujourd'hui est d'ordre plus sociologique que religieux. Qu'est-ce qui fait que l'esprit du Coran a été sacrifié pour devenir une idéologie politique axée sur la violence, la haine et la vengeance ? Et pourquoi des hommes et des femmes sont-ils attachés à une interprétation de l'islam qui contredit les principes et valeurs de cette religion et qui en plus lui fait un tort incommensurable ? En effet, même si c'est une minorité qui pratique un islam rigoriste et agit de manière fanatique, c'est cet islam-là que le monde retient. Car cet islam, fondé sur l'ignorance, sécrète et suscite l'ignorance. Pourquoi des Européens iraient-ils étudier cette religion et comment pourraient-ils en voir les aspects humanistes et non violents ?

Nous sommes tentés de faire appel à Ibn Khaldoun (né à Tunis en 1331, mort au Caire en 1406), le premier sociologue et historien arabe qui a étudié la société arabe de manière scientifique. Celui-ci nous apprend que l'être est attaché à ce qui le constitue historiquement dans un « esprit de clan », un « esprit de corps » (ce qu'il appelle en arabe « *Assabiyya* »), une sorte de solidarité, un sentiment d'appartenance et d'attachement aux ancêtres du même sang. L'être persévère dans son être quelle que soit l'évolution du monde. L'islam est apparu en Arabie au VIIᵉ siècle dans des tribus bédouines, attachées à leur indépendance. Il a instauré d'autres valeurs, celles notamment du respect des droits humains. Des Arabes avant cela enterraient vivants les nourrissons de sexe féminin. L'islam a commencé par interdire ces pratiques barbares. Il a établi un cadre philosophique, spirituel et humaniste dans lequel l'homme doit aller dans le sens du Bien et dans l'acquisition du savoir. Le prophète Mahomet n'a-t-il pas dit : « Apprenez la science du berceau jusqu'à la tombe » ?

Les traditionnalistes, les rigoristes se sont de tout temps battus contre la Raison, contre l'ouverture qui avait marqué le monde musulman entre le IXᵉ et le XIIᵉ siècles. Aujourd'hui ce sont eux qui ont pris en otage cette religion et lui font dire ce qu'elle ne dit pas, lui font endosser des conduites et des principes qu'elle n'a jamais encouragés. Par exemple, l'islam, comme les autres religions monothéistes interdit le suicide et le meurtre. Lorsqu'un jeune Afghan ou un jeune Pakistanais offre sa vie en tuant le plus grand nombre possible de personnes autour de lui, il insulte l'islam et son esprit. La violence, le fanatisme, la haine ne font pas partie de l'islam tel qu'il a été révélé au VIIᵉ siècle et tel qu'il s'est répandu dans le monde par la suite.

Comment expliquer qu'un jeune homme puisse perdre son instinct de vie ou de survie et le remplacer par une volonté de mort et de meurtre ? Comment réussit-on à convaincre un jeune de 20 ans de sacrifier sa vie pour une cause dont il ne verra pas l'éventuel triomphe ? Les jeunes qui commettent des attentats-suicide ne sont pas forcément en dépression, ni mentalement déficients. Généralement ils sont en bonne santé et sont issus de milieux aisés, mais ils ont abdiqué leur âme et leur intelligence au service d'un clan, d'une tribu qu'on pourrait comparer à une secte.

Les Européens connaissent les drames des sectes où tant de jeunes gens se sont égarés, agissant selon les directives d'un gourou qui est en fait un chef de bande, un pervers assez intelligent et assez fort pour vider le cerveau des autres et aussi leur compte en banque. La comparaison est formelle. Le fond est différent mais le résultat est le même.

Ce qui est demandé aujourd'hui aux musulmans, c'est de revenir au Coran et d'en faire une lecture intelligente, ouverte et responsable. En 2009, deux écrivains franco-égyptiens ont publié, sous le pseudonyme commun de Mahmoud Hussein, un livre intitulé *Penser le Coran* (Grasset). À la suite de cette publication, ils ont participé à des débats et se sont rendu compte que la majorité des musulmans de France était inquiète. Il suffit en effet de quelques éléments bien entraînés pour répandre une interprétation qui va contre son esprit. Cet islam fanatisé fait peur, non seulement aux Européens, ce qui est légitime, mais aussi aux nombreux musulmans qui subissent les effets néfastes et graves de ce détournement de la parole coranique – si on exclut les attaques contre les tours du World Trade Center le 11 septembre 2001, la majorité des victimes des attentats terroristes au nom du djihad islamique est musulmane.

Pour le moment c'est l'ignorance qui gagne du terrain. Elle est suivie par la peur et des conflits qui rendent le « vivre-ensemble » problématique. Le Coran rappelle souvent les dégâts que cause autour d'elle l'ignorance. D'ailleurs, l'époque qui précède l'arrivée de l'islam en Arabie est appelée « *jahilya* » qui signifie « ignorance ». Le Coran a été révélé pour éclairer les esprits, pour les mettre sur le chemin du Bien et de la Raison. Or c'est sur celui de l'obscurantisme, de l'ignorance érigée comme fait indiscutable, que l'islamisme se développe. Le pire, c'est l'islamisation des esprits, la colonisation des mentalités par cette ignorance qui autorise n'importe quel homme imbu de sa personne à s'ériger en imam (celui qui préside la prière), à faire des prêches et à donner des conseils et parfois des ordres dans la conduite de la vie intime de chacun. Ajouter à cette usurpation, la très grande mainmise exercée par les islamistes sur les musulmans à travers des chaînes de télévision satellitaires situées dans les pays du Golfe et du Proche-Orient. Sur ces écrans de télévision sont ainsi diffusés quotidiennement des discours de haine contre la Raison, contre le développement, contre l'esprit de liberté et de laïcité, contre l'Occident. Au bout du compte, cette propagande finit par entrer dans des esprits faibles ou en mal de cause pour donner un sens à leur vie.

Le Coran est un texte de poésie, de métaphores et de symboles. Il est de ce fait susceptible d'être lu de différentes façons. C'est pour cela qu'il est urgent de voir comment l'islam est transmis dans les écoles, par qui il est enseigné et comment il est compris. Ibn Khaldoun rappelle l'importance de la pédagogie et de la rationalité qui doit être à la base de tout enseignement. Les États européens devraient prendre en charge cet enseignement et le généraliser pour que l'islam ne reste pas un mystère ou un fantasme qui fait peur. Il ne faut plus le confier à des personnes envoyées par des États comme l'Arabie Saoudite ou l'Iran. L'enseignement de l'islam est au programme des cours d'Histoire en classe de 5e en France. Il faudrait l'aborder dans un esprit laïque, c'est-à-dire objectif, en replaçant les textes dans leur contexte historique et culturel. Malheureusement, cet enseignement comme celui des autres religions est superficiel et insuffisant. L'islam est la deuxième religion de France. C'est une raison suffisante pour que l'État se charge de son enseignement dans un esprit d'ouverture et de clairvoyance. Cette démarche ne contredit pas la laïcité qui est séparation de la religion et de l'État et non lutte contre les religions.

L'islam en Europe est possible s'il n'est pas pris en otage par des fanatiques qui accusent l'Occident des malheurs vécus par les musulmans. Seule la laïcité est capable de séparer la religion du fanatisme. La laïcité n'est pas la négation de la religion ; au contraire, c'est son respect à condition que cette dernière soit vécue dans la sphère privée et non publique. Il revient à l'Europe le devoir de valoriser l'islam dans ce qu'il est réellement et de répondre ainsi à l'ignorance par la connaissance et la défense des citoyens musulmans vivant dans ses territoires et qui font de plus en plus partie de son histoire et de son paysage humain. Il faut d'un côté lutter contre les fanatiques pour la sécurité (c'est l'affaire de police) et, de l'autre côté, faire évoluer les mentalités vers l'acceptation d'une réalité : l'islam est compatible avec la démocratie, avec la liberté et avec la laïcité. Pour cela, il est essentiel que des politiciens européens n'exploitent plus cette religion pour des raisons électoralistes et qu'ils ne s'appuient plus sur la peur pour gouverner leur pays.

Le 11 septembre
expliqué aux enfants

Les images de la tragédie américaine du 11 septembre 2001 n'ont pas épargné nos enfants. Les commentaires qu'ils ont entendus ici ou là à propos des terroristes et de leur appartenance au monde arabe et musulman les préoccupent et les inquiètent.

Ainsi, une de mes enfants (moins de dix ans) m'a posé cette question :

– Papa, est-ce que je suis musulmane ?

– Oui, comme tes parents.

– Et je suis arabe aussi ?

– Oui, tu es arabe, même si tu ne parles pas cette langue.

– Mais tu as vu à la télévision, les musulmans sont méchants, ils ont tué beaucoup de gens, je ne veux pas être musulmane.

– Que vas-tu faire à présent ?

– À partir de maintenant, je ne refuserai plus de manger du porc à la cantine de l'école.

– Si tu veux, mais avant de renoncer à être musulmane, il faut que je t'explique que ces méchants dont tu parles ne sont pas de vrais musulmans, qu'il y a des méchants partout.

– Mais on a dit qu'ils sont arabes…

– Il ne faut pas mettre tout le monde dans le même sac. Tous les Arabes ne sont pas musulmans. Il y a des Arabes chrétiens au Liban, en Égypte, en Palestine, au Soudan…

– J'ai vu un vieux barbu qui prie comme grand-père et ensuite il prend un fusil et tire sur des images, il est musulman ?

– S'il prie comme ton grand-père, oui.

– Pourquoi ceux qui ont fait ça ne sont pas de vrais musulmans ?

– Allah, comme le Dieu des juifs et des chrétiens, interdit de se tuer soi-même, c'est ce qu'on appelle le suicide. Et il interdit de tuer les autres. Donc, ces gens qui sont montés dans des avions, qui ont tué les pilotes avec un couteau, puis ont dirigé les appareils sur des tours à New York, sont des ignorants de la religion musulmane et ce sont des fanatiques.

– C'est quoi **fanatique** ?

– C'est celui qui pense qu'il a toujours raison, il veut être le plus fort ; si tu n'es pas d'accord avec lui, il devient très méchant.

– L'Amérique n'était pas d'accord avec eux, c'est pour ça qu'ils ont fait tomber l'avion sur la tour ?

– Non, on ne peut pas être d'accord avec eux. Ce qu'ils ont fait est horrible. Personne ne peut l'accepter.

– Que leur a fait l'Amérique pour qu'ils soient si cruels ?

– L'Amérique, plus exactement le gouvernement américain, a commis beaucoup d'erreurs et d'injustices. Il bombarde depuis dix ans les populations irakiennes. Beaucoup d'enfants irakiens sont morts sous ces bombardements. En 1991, l'armée irakienne a envahi le Koweït, son voisin. L'Amérique et d'autres pays sont intervenus et ont fait sortir par la force cette armée du Koweït. Ensuite, l'Irak a été puni par les Nations unies. Mais, en fait, c'est le peuple qui a été puni, pas son chef. Tu vois, c'est compliqué. Ce n'est pas aussi simple que tu crois, surtout que l'Amérique est une grande puissance et qu'elle doit veiller à être juste. Cela dit, rien ne justifie ces massacres.

– Mais est-ce que ce sont des Irakiens qui l'ont attaquée ?

– Non, ce sont des gens qui se disent arabes et musulmans. Pour moi, ce sont des fous.

– Mais pourquoi ils sont fous ?

– À ceux-là, on leur a appris, quand ils étaient petits et qu'ils allaient à l'école coranique, qu'Allah leur demandait de tuer les ennemis de l'islam et qu'ensuite Allah les récompenserait en les installant au paradis.

– Je ne comprends pas, il faut tuer pour aller au paradis ?

– Bien sûr que non ! On le leur a fait croire.

– Et ils le croient ? Dis-moi comment on leur a fait croire ça…

– En leur répétant plusieurs fois la même chose. On leur donne en exemples des soldats morts dans le combat et on cite un verset du Coran qui dit : « Ne dites pas de ceux qui sont tués dans le chemin de Dieu : ils sont morts ! Non ! … Ils sont vivants… » (sourate II, verset 154). Ils finissent par croire ce qu'on leur répète des milliers de fois.

– Mais ils sont très méchants. Ils font mourir des gens pour aller au paradis !

– C'est du mensonge.

– Mais pourquoi leurs chefs leur disent tout ça ?

– Parce qu'ils sont en guerre contre ceux qui ne pensent pas comme eux. Ils n'aiment pas la vie ; alors, ils acceptent de sacrifier la leur à condition d'emporter avec eux le maximum de morts. Ce sont des terroristes.

– Papa, ça veut dire quoi **terroriste** ?

– Dans le mot « terroriste », tu trouves le mot « terreur », c'est-à-dire une très grande frayeur, une très grande peur collective, une épouvante, quelque chose qui fait trembler et paniquer. C'est horrible.

– Je ne comprends pas pourquoi des gens

qui veulent aller au paradis ne partent pas tout seuls. Pourquoi ils tuent et font trembler de peur ceux qu'ils ne tuent pas ?

– Je ne sais pas, mon enfant, je suis comme toi, je n'arrive pas à comprendre comment des jeunes gens, qui ont fait des études, qui ont voyagé dans le monde, qui ont profité de la liberté et du confort de l'Amérique, décident un jour de faire un massacre en sacrifiant leur propre vie. Ils font cela au nom de l'islam. Ils font du mal à leurs familles, à l'islam et aux musulmans. Ce n'est plus de la religion qui est derrière eux, car aucune religion ne pousse à tuer des innocents, et l'islam signifie « soumission à la paix », il ne signifie pas « tuer des innocents ». Alors, c'est une folie que ni toi ni moi ne pouvons comprendre.

– Quand tu étais enfant, tu savais que tu étais musulman ?

– Oui. Je suis né dans une maison où j'ai toujours vu ma mère et mon père faire leurs prières.

– Et toi ?

– Moi aussi, je priais, mais j'étais paresseux, surtout l'hiver quand il fallait se lever tôt et faire sa toilette avec de l'eau glacée. Car, avant toute prière, il est obligatoire de se laver, c'est ce qu'on appelle les ablutions.

– Alors, tu ne te lavais pas ?

– Si, mais mon père remarquait que je le faisais superficiellement et que je n'aimais pas l'eau très froide.

– Qu'est-ce qu'il te disait ?

– Un jour, il nous a réunis, mon frère et moi, et a dit ceci : « Mes fils, vous êtes nés dans l'islam, vous devez obéissance à vos parents et à Dieu. Vous devez, en principe, faire les cinq prières quotidiennes comme vous devez faire le jeûne du Ramadan. En islam, il n'y a pas de contrainte. Personne n'a le droit de vous obliger à faire les prières, ni Dieu ni votre père. Comme dit le proverbe : le jour du Jugement dernier, chaque brebis sera accrochée par sa propre patte. Alors, vous êtes libres, je vous laisse réfléchir, le principal c'est de ne pas voler, ne pas mentir, ne pas frapper le faible et le malade, ne pas trahir, ne pas faire honte à celui qui n'a rien, ne pas maltraiter ses parents et surtout ne pas commettre d'injustice. Voilà, mes fils, le reste, c'est à vous de voir. J'ai fait mon devoir. À vous d'être des fils dignes. »

– Et alors ?

– J'ai baisé sa main comme je le faisais chaque matin, et je me suis senti libre. J'ai compris ce jour-là que je pouvais être musulman sans pratiquer avec une grande discipline les règles et les lois de l'islam. Je me souviens aussi de ce que nous disait le maître d'école coranique : « Dieu est miséricordieux ! » Il répétait : « Louanges à Dieu le tout miséricordieux », c'est-à-dire qu'il sait pardonner.

– Mais, dis-moi, tu fais ta prière ou pas ?

– C'est une question qu'on ne doit pas poser ; on ne doit pas répondre à ce genre de question parce qu'elle relève de la liberté de la personne. Si je prie, cela ne regarde que moi. Si je prie, ce n'est pas pour montrer aux gens que je suis un bon musulman. Certains vont à la mosquée pour y être vus, d'autres parce qu'ils accomplissent sincèrement leur devoir de croyants.

– Papa, j'ai peur, je n'arrive pas à dormir.

– Ne t'en fais pas.

– J'ai entendu dire qu'il y aura la guerre.

– Quelle guerre ?

– Je ne sais pas. Même à l'école on nous a dit qu'il faut faire attention : si on voit un sac oublié dans un coin, on appelle la maîtresse, je ne sais pas, j'ai peur.

– Ne t'en fais pas, la vie est belle malgré tout !

2ᵉ jour

J'ai imaginé ce qu'aurait donné cette discussion si je l'avais poursuivie avec des enfants dont l'âge varierait entre dix et quinze ans.

J'ai deviné leurs questions, leur inquiétude, leur impatience. Alors je raconte l'islam et la civilisation arabe à mes enfants nés musulmans, à tous les enfants quels que soient leur pays, leur origine, leur religion, leur langue et aussi leurs espérances. Ceci n'est surtout pas un prêche, ni un plaidoyer. Je ne cherche pas à convaincre, je raconte le plus objectivement et le plus simplement possible l'histoire d'un homme devenu prophète, l'histoire aussi d'une religion et d'une civilisation qui ont tant apporté à l'humanité. J'ai relu le Coran, j'ai consulté des livres de spécialistes, j'ai cherché dans l'Encyclopédie de l'islam, et j'ai essayé de restituer en quelques pages quinze siècles d'histoire dans l'espoir d'aider à comprendre, ne serait-ce qu'un peu, ce qui se passe aujourd'hui.

– Papa, je n'ai pas bien compris ce qu'est l'islam. Je suis musulmane, mais cela veut dire quoi ?

– Je profite de cette occasion pour m'adresser à toi et à tous les enfants qui ont envie de savoir. Je vais vous raconter l'histoire de cette religion comme un conte.

Il était une fois, il y a très longtemps, il y a plus de mille quatre cent trente ans, vers l'an 570, un petit garçon naît à La Mecque, une ville située dans le désert de l'Arabie. Il s'appelle Mohammed. Il n'a pas connu son père, mort avant sa naissance. Il n'ira pas à l'école. Il grandira sans savoir ni lire ni écrire. Les gens vivaient de pâturage et du commerce qui se faisait par les caravanes qui traversaient le pays de ville en ville. La Mecque était un centre commercial important. Les caravanes qui venaient du nord, de l'est ou du sud passaient par La Mecque. Non loin de là, il y a la ville de Djeddah, qui est un port.

– Comment appelle-t-on les habitants de cette région ?

– Des Arabes. C'étaient des Bédouins, des caravaniers, des nomades. Ils vivaient sous des tentes.

– Que veut dire **Bédouins** ?

– Ce sont les premiers habitants de l'Arabie.

Dans ce mot, on trouve le verbe arabe *bada'a* qui signifie « apparaître ». Les Bédouins sont les peuples premiers. Ils ont vécu dans le désert ou dans les campagnes.

– Et « nomades » ?

– Ce sont ceux qui se déplacent, qui n'ont pas une habitation fixe. Justement, les Bédouins étaient de petites communautés qui voyageaient tout le temps à la recherche de pâturages et de sources d'eau. Ils se déplaçaient à dos de chameaux.

– Le petit Mohammed est né là. Que faisait sa mère ?

– Elle s'appelait Amina ; elle est morte aussi quand il était enfant, il avait moins de six ans. Il a donc été orphelin très tôt. Il a été élevé par une nourrice, Halima. C'est son grand-père qui s'est occupé de son éducation. Mohammed a grandi dans La Mecque avec ses oncles, qui étaient les gardiens de la Kaâba, une bâtisse cubique où se trouve une pierre célèbre, la Pierre noire, sur laquelle le prophète Abraham, l'Aimé de Dieu, aurait posé son pied. C'est une pierre sacrée. Les habitants de l'Arabie venaient une fois par an à La Mecque pour essayer de toucher cette pierre. Cela s'appelle un pèlerinage. Mais, dans cette région, il y avait des chrétiens et des juifs, c'est-à-dire des Bédouins qui croyaient en un seul Dieu. La religion juive, qu'on appelle judaïsme, existe depuis 5 762 ans ; la religion chrétienne depuis 2001 années. À l'époque, ils n'étaient pas nombreux dans cette région. Les autres adoraient des statues, des pierres…, ce qu'on appelle des « idoles ». Il paraît qu'il y avait à la Kaâba trois cent soixante idoles. Tous les Arabes n'adoraient pas les idoles. Certains parmi eux croyaient en la puissance de la nature, à la force de la lumière, à la force du vent, à la mémoire des ancêtres, c'est-à-dire ceux qui ont vécu avant eux…

– Que va faire Mohammed ?

– Après les premières années passées avec sa nourrice, il vit ensuite avec son oncle Abou Talib, un homme pauvre mais très droit et bon. Mohammed le considère comme son père. Il apprend avec lui la fidélité, l'honnêteté et la bonté. À vingt-cinq ans, Mohammed travaillera chez une femme, riche et veuve, Khadija. Elle est plus âgée que lui ; elle a quarante ans. Elle possède plusieurs caravanes. Il l'épouse ; ils auront trois garçons et quatre filles. Malheureusement, les garçons ne survivront pas.

– Pourquoi a-t-il épousé une femme plus âgée que lui ?

– C'est le destin. Elle était propriétaire de caravanes et confiait de plus en plus de travaux au jeune Mohammed. Un jour, elle lui a proposé d'être plus qu'un homme à son service. Il a accepté.

– Est-il resté proche de l'oncle qui l'a élevé ?

– Oui. Le fils d'Abou Talib, Ali, né vers l'an 600, est très proche de Mohammed, il est son cousin mais également son ami. Ali jouera un rôle très important à la mort de Mohammed.

– Comment Mohammed va-t-il devenir le chef d'une religion ?

– Il ne le savait pas à l'avance. C'était un homme discret et sensible. Il devait se sentir différent des autres. Il avait l'habitude d'aller dans les montagnes aux environs de La Mecque et de se retirer dans une grotte pour penser et réfléchir à la vie, à la nature, au Bien, au Mal. Il méditait.

– Cela veut dire quoi « méditer » ?

– C'est réfléchir profondément, espérer trouver un sens à la vie. Il y a longtemps, ce verbe signifiait « soigner un malade ». Mohammed devait chercher dans le silence et la solitude un remède à la vie où certains sont pauvres et d'autres riches, certains en bonne santé, d'autres faibles et malades.

– Mais qu'est-ce qu'il pouvait faire pour les gens malheureux ?

– Il pensait et cherchait le moyen de les rendre moins malheureux. Un jour, ou plutôt une nuit, alors qu'il se trouvait dans une grotte du mont Hira, il a eu une vision, c'est-à-dire qu'il a vu devant lui une très forte et belle lumière ; c'était un ange important qui lui ordonna de lire. Il lui dit : « Lis. » Mais Mohammed, qui avait à cette époque quarante ans, lui répondit : « Je ne peux pas lire ! » N'oublions pas qu'il n'était pas allé à l'école, et il ne savait donc ni lire ni écrire. Alors l'ange, qui s'appelle Gabriel, lui demanda de répéter après lui : « Lis au nom de ton Seigneur qui a créé ! Il a créé l'homme d'adhérence. Lis. Car ton Seigneur est le Très Généreux ; Il a instruit l'homme au moyen du calame et lui a appris ce qu'il ignorait. » Mohammed, ému et tremblant, répéta ces phrases après l'ange Gabriel.

– Que signifie **adhérence** ?

– Le mot arabe est *'alaq*, qui veut dire « matière gluante ». Certains ont traduit ce mot par « caillot de sang ». En vérité, il s'agit du liquide visqueux formé par les spermatozoïdes ; on l'appelle « sperme ». C'est grâce aux spermatozoïdes que les êtres humains se reproduisent.

– Que veut dire « calame » ?

– C'est le roseau qui sert à fabriquer un crayon ou une plume pour écrire.

– Que fit-il après cette visite ? A-t-il eu peur ?

– Il était très inquiet. Mohammed était un homme simple, mais il était intelligent et avait peur de tomber dans un piège tendu par le démon. Alors en rentrant chez lui, il se confia à sa femme, Khadija. Elle alla voir un savant chrétien de La Mecque, Waraka Ibn Nawfal, et lui demanda son avis sur ce qui venait de se passer et un conseil. Cet homme, sage et cultivé, lui dit que Mohammed était le prophète qu'on attendait. Dieu devait envoyer aux humains un messager, ce serait le dernier, un homme qui allait parler à ses semblables et leur apprendre ce que la lumière vive lui dicterait.

– Pourquoi Dieu ne parle-t-il pas directement aux hommes ?

– Il a préféré choisir un homme simple et bon pour lui transmettre ses messages et le charger de les répéter à ses semblables. Mohammed, grâce à cette lumière vive et magnifique, a eu la Révélation.

– C'est quoi une **révélation** ?

– Quelque chose qui se montre et devient évident, c'est comme la vérité quand on la cherche et qu'elle apparaît, on dit « la vérité s'est révélée ». Mohammed va annoncer la parole de Dieu ; elle sera recueillie durant plusieurs années par des compagnons et des amis, ce qui va constituer un livre, le livre des musulmans, le Coran.

– Que signifie le mot « Coran » ?

– Ce mot vient du verbe arabe *qaraqa*, qui veut dire « lire, réciter ». Durant vingt-trois ans, Mohammed reçoit phrase par phrase ce livre unique dans son genre ; on dira plus tard verset par verset, puis sourate par sourate, c'est-à-dire des chapitres. Ce sera toujours par l'intermédiaire de l'ange Gabriel, qui se présente à lui sous la forme d'une grande lumière éblouissante, que le message de Dieu parviendra à Mohammed.

– Qu'est-ce que Gabriel disait à Mohammed ?

– Il lui disait qu'il n'y a qu'un Dieu, tout-puissant et très miséricordieux. Il lui disait qu'il faut être fidèle à la parole de Dieu, qu'il faut croire en son message, qu'il y a une autre vie après la mort, que l'homme sera jugé selon ses actes et que chaque membre du corps humain devra témoigner sur ce qu'il a fait durant la vie, que les hommes bons et justes seront récompensés en allant au paradis et que les autres, les mauvais, les incroyants, les criminels, seront jugés et envoyés en enfer. Il lui disait qu'il faut faire le Bien et éviter le Mal, qu'il faut être sage et croyant, qu'il ne faut surtout pas adorer des pierres et croire qu'il y a d'autres dieux que Dieu.

– Mais notre maîtresse, qui est chrétienne, nous apprend la même chose !

– Tu sais, comme je te l'ai dit, qu'avant l'arrivée de la religion de Mohammed, il y avait deux autres religions : le judaïsme et le christianisme. Toutes les deux adorent un seul Dieu. Elles aussi ont eu des prophètes : Moïse et Jésus. Les juifs, les chrétiens et les musulmans doivent former « une seule communauté avec les croyants ». L'islam est venu se joindre à ces deux religions. On les appelle les religions monothéistes ou les religions du Livre. Le livre des juifs, c'est la Thora ; celui des chrétiens, c'est la Bible ; et celui des musulmans, c'est le Coran.

– Mono… je sais ce que ça veut dire : un seul !

– Oui, tout à fait. Monothéiste veut dire un seul Dieu.

– Alors si nous avons le même Dieu, pourquoi les musulmans et les juifs se font-ils la guerre ?

– Tu confonds ; les musulmans et les juifs se disputent la même terre, mais ce n'est pas une guerre de religion. L'islam reconnaît les prophètes des juifs et des chrétiens.

– Comment les reconnaît-il ?

– Les musulmans qui doivent adoration et amour à leur prophète, Mohammed le messager de Dieu, doivent le même respect à Moïse et à Jésus. N'oublie pas que l'islam est arrivé six siècles environ après Jésus. Donc, c'est la dernière religion monothéiste de l'histoire de l'humanité.

– Que pensent les chrétiens des musulmans ?

– Ce serait long à raconter. Mais sache qu'en 1965 a eu lieu au Vatican, à Rome, c'est-à-dire là où vit le pape, une réunion de gens importants de l'Église, qui ont reconnu qu'« il y avait des valeurs précieuses dans l'islam ». Cette réunion s'appelle « le concile Vatican II ».

– Explique-moi pourquoi on a appelé ce qui

est arrivé à Mohammed, islam, ou religion musulmane ?

– Dans le mot « islam », il y a le mot *salam*, qui veut dire « paix ». L'islam, c'est la soumission de l'homme à la paix, la soumission à un Dieu unique, un Dieu à qui on doit obéissance, fidélité et loyauté.

– Comment obéir à quelqu'un qu'on ne voit pas ?

– Quand j'étais petit, on me disait que Dieu savait tout, entendait tout, voyait tout. Je demandais à ma mère : « Même moi, si petit, si chétif, il m'observe et me voit ? » ; elle me répondait : « Justement, il est tout-puissant, il te voit et, si tu fais des bêtises, il ne sera pas content. » Un jour, j'ai volé un gâteau et je me suis enfermé dans un coffre pour le manger. Je me disais : « Dieu ne me verra pas ! » J'ai eu mal au ventre parce que j'avais avalé le gâteau sans le mâcher !

– Si tu es bien caché, Dieu ne peut pas te voir !

– Justement non, Dieu a le pouvoir de voir même ce qui est caché.

– Les gens qui sont méchants, qui font la guerre et en même temps la prière et disent qu'ils adorent Dieu, ce sont des menteurs.

– Dieu les appelle les « hypocrites ». Dieu a adressé à Mohammed tout un chapitre sur les hypocrites. Il les condamne.

– Explique-moi le mot **hypocrite**.

– On dit que c'est celui qui a deux visages, il trahit la vérité en te faisant croire qu'il dit la vérité. L'hypocrite est un traître et un menteur.

3ᵉ jour

– Revenons à l'histoire de la naissance de l'islam.

– Mais, avant de continuer, quelle langue parlait l'ange, tu sais la lumière formidable qui entourait Mohammed ?

– La langue arabe.

– Donc, Dieu est arabe !

– Non, il n'est ni arabe, ni chinois, ni africain, ni indien. Dieu est le dieu de tous les hommes sans exception. Il ne fait pas de différence entre les êtres humains. C'est ce que dit son message.

– Alors, pourquoi il n'a pas parlé en anglais, puisque c'est la langue que parle presque tout le monde ?

– Il a parlé la langue du pays où se trouvait son messager, Mohammed. Je t'ai dit que Mohammed vivait en Arabie et qu'il parlait la langue arabe. De ce fait, les Arabes considèrent que leur langue est celle de Dieu.

– Cette langue est la même que celle de mes grands-parents au Maroc ?

– Pas tout à fait. Au Maroc, on parle un arabe

dit dialectal, par opposition à l'arabe des livres, celui dit classique ou littéraire. Mais quand tes grands-parents prient, ils récitent des versets du Coran en arabe classique.

– Et les musulmans qui ne sont pas arabes, comment font-ils ?

– Ils apprennent par cœur des prières et les disent sans comprendre tous les mots qu'ils utilisent. En principe, ils en connaissent le sens. Ceux qui ne sont pas arabophones lisent le Coran traduit dans leur langue.

– Comment Mohammed a-t-il fait pour que les gens croient son histoire ?

– Après sa femme, qui avait tout de suite compris qu'il disait vrai, ce fut son cousin Ali qui lui donna raison et se convertit à l'islam, ensuite ce fut Abou Bakr, son meilleur ami, un homme très respecté, puis son fils adoptif Zayd, puis Bilal, le serviteur noir d'Abou Bakr. Bilal était un esclave. Mohammed l'a affranchi, c'est-à-dire qu'il lui a rendu la liberté et, parce qu'il avait une très belle voix, il l'a désigné pour faire l'appel à la prière cinq fois par jour. Il est le premier **muezzin** de l'islam. Après, il faudra attendre quelques années et aussi se battre pour que les membres de sa tribu le rejoignent.

– Il y avait des esclaves ?

– Oui, l'esclavage a existé dans toutes les sociétés. Mohammed en affranchissant Bilal a donné l'exemple afin que tous ceux qui avaient

des esclaves fassent comme lui. Malheureusement, ils ne l'ont pas suivi.

– Les gens n'étaient pas d'accord avec lui ?

– Non, pas tous les gens. Il sera combattu
même à l'intérieur de sa tribu.

– Il ne faisait pas de mal, n'est-ce pas ?

– Non, c'était un homme bon mais, comme
dit la chanson, « les gens n'aiment pas qu'on
suive une autre route qu'eux ».

– Il leur disait de faire le Bien et de ne pas
trahir...

– Oui, mais il faut que tu comprennes, avant
cette histoire de révélation, avant que Mohammed ne devienne un messager de Dieu, les gens
d'Arabie faisaient ce qu'ils voulaient, ils
n'avaient pas de règles strictes à respecter ; en
outre, ils croyaient que des statues de pierre
étaient des dieux. Mohammed arrive et leur
dit : Dieu est Vérité, Dieu est Justice, Dieu est
Esprit, il faut pour vivre ensemble une morale,
une spiritualité, il faut adorer Dieu qui n'est pas
matérialisé dans un objet, il y a l'enfer et le
paradis, les biens de ce monde ne sont pas
importants, il faut prier cinq fois par jour, il faut
méditer et croire en un Dieu qui est très miséricordieux, etc.

– Les gens ne vont pas le croire...

– Non, ils ne le croient pas tout de suite. C'est
quelqu'un qui bouleverse leurs habitudes.
Alors, ils le combattent. C'est là que Dieu les

condamne dans un verset du Coran (sourate IX, verset 5) : « Tuez les idolâtres partout où vous les trouvez. Saisissez-les, assiégez-les, mettez-vous en embuscade pour les prendre. Mais, s'ils se repentent, s'ils sont fermes dans leurs prières, s'ils donnent l'aumône, laissez-les aller leur chemin. En vérité, Allah pardonne ; il est compatissant. »

– Les idolâtres, ce sont ceux qui ne croient pas en un seul Dieu, n'est-ce pas ?

– Ce sont des polythéistes ; ils croient en plusieurs dieux, des pierres, des idoles en pierre.

– Que va faire Mohammed ?

– Mohammed va connaître un moment très difficile : en l'an 620, il perd sa femme ainsi que son père adoptif, son oncle Abou Talib. Il se retrouve seul pour lutter contre les gens de sa tribu qui cherchent à le tuer. Avec Abou Bakr et Ali, il quitte La Mecque. Ils se réfugient dans une grotte pour échapper aux hommes armés qui les poursuivent afin de les éliminer. En islam, il n'y a pas de miracle comme dans les deux autres religions, mais on raconte que l'entrée de cette grotte a été fermée par une toile d'araignée qui a pu protéger Mohammed et ses deux compagnons.

– Je comprends à présent pourquoi tu me dis de ne pas tuer les araignées ! C'est un animal sacré !

– En tout cas, grâce à cette toile tissée, le prophète a été sauvé. Ensuite, il partira dans une autre ville, Médine, où il sera en sécurité. À partir de cette date, 622, commence l'ère musulmane. On appellera cette année, l'an 1 de l'Hégire. Aujourd'hui, nous sommes en l'an 1432 de l'Hégire.

– C'est quoi l'**Hégire** ?

– Le mot vient du verbe *hajara*, qui signifie « émigrer », partir dans une autre ville ou un autre pays.

– Donc, Mohammed est un émigré !

– Oui, il a été obligé de s'enfuir pour continuer à recevoir et à transmettre les messages de Dieu. L'ère musulmane commence. Le calendrier suivra l'apparition de la lune. C'est pour cela qu'on ne sait jamais à l'avance la date précise du commencement du mois. À partir de Médine, l'islam va peu à peu s'organiser et instaurer ses cinq préceptes appelés « les cinq piliers de l'islam ». « Pilier » veut dire fondation, ce qui soutient une maison.

– C'est quoi **préceptes** ?

– Cela signifie des règles, des commandements, des ordres.

– Alors, quelles sont les règles des musulmans ?

– Elles sont cinq, et quand elles sont respectées, cela fait de toi un ou une musulmane. La première règle, c'est la **chahada**, l'attestation de la foi, c'est-à-dire que tu dois accepter au fond de toi-même l'idée qu'il n'y a qu'un Dieu, Allah, et que Mohammed est son messager. Il faut prononcer cette phrase. C'est celle que tout musulman dit au moment de mourir. On dit : il témoigne. Il lève l'index de la main droite et dit : « J'atteste qu'il n'y a de Dieu qu'Allah, et Mohammed est son messager. »

– Peux-tu la dire en arabe ?

– « *Ach hadou anna lâ Illaha illa Allah wa anna Mohammed Rassoul Allah.* »

– Peut-on la dire même quand on ne va pas mourir ?

– Bien sûr.

– Tu la dis souvent ?

– Cela m'arrive.

– Comment faire pour en être sûre ?

– C'est ce qu'on appelle la foi, c'est-à-dire que tu as une certitude, une évidence ; personne ne peut réussir à te démontrer le contraire de ce que tu crois. Pour les musulmans, il faut la dire et surtout ne pas en douter.

– Il faut la dire en arabe ou dans n'importe quelle langue ?

– Qu'importe la langue ? Ce qui compte, c'est que tu sois convaincue par ces paroles.

– Supposons que je ne sois pas convaincue, que se passe-t-il ?

– Tu n'es pas musulmane. C'est tout.

– Deuxième règle ?

– La **prière**. Il y en a cinq par jour : la première est celle du lever du soleil ; la deuxième,
celle du soleil quand il est au zénith ; la troisième,
celle du milieu de l'après-midi ; la quatrième,
celle du coucher du soleil ; et la dernière, celle de
la nuit. Toutes ces prières sont faites en direction
de La Mecque.

– Est-on obligé de les faire au moment où
l'appel à la prière est lancé ?

– En principe, oui. Si on travaille, si on est
malade, on peut les faire plus tard. Si on est
handicapé, on peut les faire mentalement.

– Tu as déjà parlé des **ablutions**, peux-tu
préciser pourquoi et comment on les fait ?

– Quand on prie, on est censé s'adresser à
Dieu, donc il faut être propre ; les ablutions sont
la toilette qu'on fait juste avant de prier. Mais,
attention, il y a deux sortes d'ablutions : les
ablutions complètes, qui consistent à laver tout
le corps après un rapport sexuel, et les ablutions
simples, qui consistent à se laver le visage, les
avant-bras, les mains et les pieds.

– Si on doit se laver cinq fois par jour, on
doit être le champion de la propreté !

– Tu as raison. Mohammed disait que la
bonne hygiène vient de la foi.

– Qu'est-ce qu'on récite dans les prières ?

– On glorifie Dieu et son prophète. On récite
la première sourate du Coran.

– Celle où l'ange dit à Mohammed : « Lis » ?

– Non. Le Coran n'est pas écrit dans l'ordre des versets révélés. Le Coran commence par une sourate courte qui s'appelle « la Fatiha », « l'ouverture ». À chaque prière, on célèbre et glorifie non seulement le prophète Mohammed, mais aussi les autres prophètes : Abraham, Moïse et Jésus. On les appelle en arabe : Ibrahim, Moussa et Issa.

– Le troisième pilier ?

– C'est le jeûne durant le mois de **Ramadan**. Le musulman doit s'abstenir de manger et de boire du lever au coucher du soleil durant un mois. Il fait ainsi l'apprentissage de la faim et de la soif et met à l'épreuve sa volonté de résister aux tentations et sa capacité de méditer sur la vie et l'Au-delà. C'est un mois où il doit se consacrer au recueillement, à la prière et à un examen de sa conduite dans la vie. La fin du Ramadan est marquée par une fête appelée *Aïd Seghir*.

– Tout le monde doit s'arrêter de manger et de boire ?

– Non. Les enfants qui n'ont pas encore atteint l'âge de la puberté et les personnes malades ne doivent pas faire le jeûne. Ni les femmes quand elles ont leurs règles.

– L'autre pilier ?

– L'aumône qu'on appelle **zakat**. C'est une partie de l'argent que le croyant a gagné dans l'année ; il le distribue aux pauvres, aux nécessiteux, et cela doit se faire discrètement, il ne faut pas s'en vanter ni désigner les pauvres en vue de les humilier. Il faut aider les gens en difficulté.

L'autre pilier, règle ou précepte, c'est le pèlerinage à La Mecque, dit **Al Hajj**. (Ceux qui n'ont pas les moyens matériels ou physiques peuvent ne pas l'accomplir.) Le musulman fait le voyage jusqu'à La Mecque et Médine pour se recueillir sur la tombe du prophète Mohammed et tourner autour du temple, la Kaâba, en essayant de toucher de la main la fameuse Pierre noire. Le pèlerinage a lieu tous les ans au moment de l'Aïd al Adha, plus connu sous le nom de « fête du mouton », autrement dit la fête qui célèbre le sacrifice d'Abraham, tu sais l'Aimé de Dieu, celui qui a failli sacrifier son fils ; alors Dieu lui envoya un agneau à égorger à la place de son fils. C'est une fête très populaire. Pour beaucoup de gens, c'est l'occasion de manger de la viande.

– Ne pas manger du porc, c'est aussi une règle ?

– L'islam dit qu'il ne faut pas manger la viande de porc parce que cet animal se nourrit de tous les déchets qu'on jette aux ordures.

– Mais, aujourd'hui, les cochons sont élevés proprement, comme les moutons.

– Oui, mais il est très difficile de revenir sur une loi religieuse. L'autre interdit concerne l'alcool. Il y a eu trois versets, révélés à différentes époques, pour interdire la consommation des boissons fermentées. L'homme qui s'enivre perd le contrôle de lui-même. Or l'islam insiste sur la maîtrise de soi et aussi sur la liberté de l'homme, ce qui le rend responsable.

— Ne pas boire d'alcool, est-ce être libre ?

— La liberté consiste à donner le choix à l'être humain. L'homme peut boire ou s'abstenir de boire. Mais s'il boit et devient ivre, il est seul responsable de ce qu'il fait.

— Y a-t-il d'autres choses interdites ?

— Oui, le jeu avec l'argent ; réaliser des intérêts avec l'argent. Ces interdits sont moins suivis ; ils sont considérés par les gens comme étant moins graves que les autres. Il faut ajouter à ces interdits le fait qu'une musulmane n'a pas le droit d'épouser un non-musulman, à moins que ce dernier ne se convertisse à l'islam.

— Mais les hommes peuvent épouser des non-musulmanes, je suppose !

— Oui, ils ont le droit de se marier avec des non-musulmanes.

— Ce n'est pas juste.

— C'est à cause du nom, qui est transmis par le père. Il s'agit d'une société où domine le patriarche, c'est-à-dire le chef de la famille. On dit que c'est une société patriarcale. La femme est de ce fait soumise, dépendante de l'homme, donc influençable. Si elle épouse un non-musulman, elle risque d'être perdue pour l'islam, et ses enfants risquent aussi d'être élevés dans la religion du père.

4ᵉ jour

— C'est à partir de Médine, où Mohammed s'est réfugié, où il se sent en sécurité, qu'il va organiser son combat pour que le maximum de gens deviennent musulmans, pour qu'existe une communauté solidaire de gens réunis autour de la foi en un Dieu unique. Mohammed se battra contre les tribus qui menaçaient les musulmans, et fera en sorte que même ses ennemis finissent par se convertir à l'islam, comme Abou Soufyan, le chef d'une tribu qui l'avait combattu. Mohammed apparaît, d'après les récits des témoins de l'époque, comme un homme d'action, un chef militaire et un chef politique. Il y eut deux batailles importantes : Badr, puis Ohod. Avec lui, la notion d'*Oumma islamiya* prend naissance. La Oumma, c'est la communauté, l'ensemble des musulmans. En l'an 632, Mohammed vient à La Mecque effectuer le pèlerinage autour de la Kaâba. On raconte qu'en partant il se serait tourné vers la Kaâba et aurait dit : « Que ce temple est beau ! Il n'y a de plus grand et de plus beau que la dignité de l'homme ! »

— C'est quoi la **dignité** ?

– C'est le respect de soi-même, le sentiment d'être fidèle aux valeurs et qualités qui font qu'on est fier d'être un homme. Au contraire, l'indignité, c'est la bassesse, l'absence de toute valeur, c'est le fait de renoncer à être un homme juste et courageux. Le prophète mettait la dignité au-dessus de la beauté de la Kaâba. C'est dire l'importance qu'il donnait à cette qualité que doit posséder tout être humain.

– Que s'est-il passé ensuite ?

– Il a senti que Dieu allait le rappeler à lui et que sa mission était terminée. Il est reparti à Médine, où il est mort le 8 juin 632.

– Qui l'a remplacé ?

– Personne. C'était un prophète, le dernier messager de Dieu sur terre. Dieu l'a envoyé aux hommes, puis l'a rappelé à lui. Son ami et compagnon Abou Bakr dirigea la prière au nom de tous les musulmans. Il sera élu par une partie de la population comme « calife », c'est-à-dire le chef des musulmans qui suivent les règles laissées par Mohammed. Ce sont des musulmans dits **sunnites**. D'autres lui préféreront Ali, le cousin de Mohammed. Ceux-là, ce sont des **chiites**. Ils se sont opposés aux sunnites quand Ali a voulu devenir calife. Aujourd'hui, les chiites représentent 10 % des musulmans dans le monde. Ils se distinguent des sunnites par le fait qu'ils se donnent des représentants appelés « mollahs ».

– J'ai vu à la télévision des musulmans se frapper la poitrine, c'est normal ?

– Ce sont des chiites, ils expriment leur peine en se faisant mal.

– Quelle peine ?

– Lorsque leur chef, Hussein, un des fils d'Ali, a été tué le 10 octobre 680 dans la bataille de Karbala, les chiites se sont sentis coupables de ne pas l'avoir protégé et sauvé. C'est pour cela que, tous les ans, ils célèbrent cette date pour exprimer le deuil. Certains exagèrent en se punissant eux-mêmes et en se frappant violemment, parfois jusqu'au sang.

À partir de ce moment, l'islam va se répandre dans la région et au-delà. Une vingtaine d'années après la mort de Mohammed, Othman, le troisième calife, réunit les 114 chapitres (sourates) qui constituent le Coran, le livre sacré, livre saint et parole divine.

– As-tu lu le Coran ?

– Quand j'avais ton âge, et même avant d'aller à l'école primaire, je suis allé pendant deux ans à l'école coranique où on nous faisait apprendre le Coran par cœur. Même si je ne savais pas encore lire, j'apprenais les versets les uns après les autres. Je les récitais le lendemain ; si je me trompais, je recevais un coup de bâton.

– Et tes parents ne disaient rien ?

– Ils ne le savaient pas. Je faisais des efforts

tous les soirs pour me remémorer les versets à réciter le lendemain.

– Tu comprenais ce que tu apprenais par cœur ?

– Pas tout. Je savais qu'il fallait adorer Allah, Dieu unique, qu'il fallait faire le Bien, ne pas mentir, ne pas voler, obéir à ses parents, respecter le maître d'école, faire la prière, sinon Dieu nous punit. Parfois j'avais peur, surtout quand Dieu parle de l'enfer et du jour du Jugement dernier. Mais juste après, il y a des versets où on rappelle que Dieu est miséricordieux et pardonne à ceux qui se sont égarés.

– Qu'est-ce qui t'a fait le plus peur ?

– Quand le maître de l'école coranique nous a décrit ce qu'attend un homme qui se donne la mort, qui se suicide, c'est-à-dire qui défie la volonté divine. Tu sais, quelqu'un qui se tue en se brûlant refera ce geste éternellement en enfer. Celui qui se jette d'un immeuble se jettera à l'infini. C'est horrible ! Ceci est valable si l'on est croyant.

– Donc, pour parler de ce qui se passe aujourd'hui, Dieu punira ceux qui ont tué les Américains ?

– Je crois.

– Pourquoi, tu n'en es pas sûr ? Tout ce que tu m'as raconté, ce ne serait pas vrai ?

– Tout ce que je t'ai raconté est vrai, cela fait partie de l'histoire de l'humanité. Concernant

Dieu, il arrive parfois à l'homme de se poser des questions, surtout quand il voit les souffrances, les injustices, la misère qui règnent dans le monde. Les chrétiens disent que « Dieu est Amour », les musulmans disent que « Dieu est Justice ; Dieu est Vérité », alors quand le monde est déchiré par des guerres, quand des jeunes gens renoncent à la vie, se sacrifient en tuant des personnes innocentes, au nom de l'islam, alors on se pose des questions. C'est normal de se poser des questions. Il n'y a que les animaux qui ne doutent pas.

– Que veut dire « douter » ?

– La foi religieuse est une croyance. Croire, c'est accepter, faire confiance à la parole proposée et lui rester fidèle. Les religions ne supportent pas le doute ni le rire. Or le doute est le fait de ne pas croire aveuglément, c'est introduire la raison dans ce qui est du domaine de la croyance. Douter, c'est poser des questions et espérer des réponses justes. Or la logique et la croyance ne vont pas ensemble.

– Et toi, es-tu croyant ?

– Quand on a une pensée logique, il n'est pas facile d'être un croyant comme l'imaginent les gens qui ont la foi. Disons, pour répondre à ta question, que je crois qu'il existe une spiritualité, quelque chose de mystérieux et de beau à la fois et qui m'intimide beaucoup. On peut l'appeler Dieu. Je me sens tout petit devant l'immensité de l'Univers, et je ne suis pas capable de tout comprendre. Comme a dit un philosophe : « L'intelligence, c'est l'incompréhension du monde. »

– Je n'ai rien compris.

– Il faut se méfier des gens qui prétendent apporter des réponses à toutes les questions que l'homme se pose. Justement, les fanatiques disent que la religion répond à toutes les interrogations du monde. C'est impossible.

– Et l'islam ?

– Tu sais que cette religion a donné au monde une belle civilisation, une très grande culture. Ce qui est propre à cette religion, c'est qu'il n'y a pas de prêtre, d'évêque, de pape. Il n'y a pas d'intermédiaires entre le croyant et Dieu.

– Je sais que, chez les catholiques, il y a des prêtres qui n'ont pas le droit de se marier !

– Oui. Je trouvais étrange que mes copains du lycée aillent le dimanche se confesser à l'église devant un prêtre. Je leur disais : « Mais c'est avec Dieu que vous devez discuter, et c'est à lui que vous devez demander pardon si vous avez commis quelque chose de mal. » Ils me répondaient que c'était leur tradition.

– Donc, en islam, il n'y a pas de confession.

– Non. Avant qu'elle ne soit injuriée comme elle l'est aujourd'hui par des gens devenus fous ou par des ignorants, la civilisation islamique a été durant trois siècles, entre le IXe et le XIe siècle, au plus haut niveau du progrès et de la culture dans le monde.

5e jour

– Pour te raconter cette époque magnifique, dite l'**Âge d'or des Arabes**, et avant d'en arriver à la situation actuelle, qui, comme tu l'as remarqué, est particulièrement mauvaise pour les pays arabes et musulmans, je te demanderai d'imaginer un rêve, d'entrer dans un monde merveilleux où règnent la paix, la sagesse, l'harmonie entre les personnes, la curiosité pour tout ce qui est différent, un monde où les enfants sont heureux d'aller à l'école parce qu'ils ne font pas qu'apprendre par cœur des versets du Coran, mais sont vite initiés aux langues étrangères, à la musique, et même à la science.

– Je ferme les yeux et je me laisse guider par ton conte !

– La religion musulmane va inciter les Arabes à aller répandre le message d'Allah à travers le monde. Ils iront au Moyen-Orient (Syrie, Égypte et Irak, appelé le Croissant fertile, la Mésopotamie), en Asie, en Perse, au Maghreb. Ces conquêtes ne furent pas toujours pacifiques. Il y eut des combats, des résistances, des morts. C'est normal, puisque les armées arabes occupaient des pays sans l'accord des populations. Elles s'installaient souvent près des oasis, des rivières, dans des camps où se préparaient les nouvelles expéditions. Il y eut aussi des conflits à l'intérieur des clans musulmans. Petit à petit, grâce à l'expansion de l'islam, les Arabes auront leur Empire. La culture arabe va se développer et s'enrichir parce qu'elle saura s'ouvrir sur le monde. La langue du Coran remplacera le grec et le persan, au point qu'un historien iranien du Xe siècle dira : « La langue arabe est dépositaire de tous les arts de la terre ; elle pénètre profondément nos cœurs, son pouvoir nous charme au plus secret de notre être... »

– Que veut dire « dépositaire » ?

– Dans cette phrase, cela veut dire que la langue arabe contient tous les arts, que d'elle naissent les œuvres d'art, comme la poésie, les sciences, la médecine, etc. Tout ce qui fait évoluer l'humanité et la rend meilleure.

– Tout le monde parlait arabe, alors !

– Non, pas tous les pays, mais la langue arabe à l'époque était devenue aussi importante que le grec dans l'histoire de l'Antiquité.

– Je ne connais pas l'importance du grec dans les temps anciens, mais je suppose que l'arabe était appris dans toutes les écoles, pas comme aujourd'hui.

– Tout le monde apprenait l'arabe parce que les savants musulmans arabes se sont mis à faire un gigantesque travail de traduction de tout ce que les autres langues avaient produit d'important. Ainsi ils ont traduit des livres de la philosophie grecque, des ouvrages en persan, en indien…

– Explique-moi le mot **philosophie**.

– C'est l'amour de la sagesse et du savoir. En philosophie, on apprend à penser tout en étudiant ce que les Anciens ont déjà découvert et écrit. C'est utiliser la raison pour penser avec méthode et savoir où va sa vie.

– Bon, disons que j'ai compris !

– J'insiste : la philosophie est l'étude de ce que nous pensons. C'est pour cela que, lorsque les Arabes ont traduit et publié les études philosophiques des Grecs, ils ont rendu un grand service à l'humanité. Tout le monde a découvert ce que sont les grands philosophes grecs grâce aux Arabes. La langue arabe est devenue première partout. La science, la médecine, les mathématiques, la géographie, l'astronomie, tout cela était enseigné en arabe. Le prophète Mohammed, lui qui n'avait pas eu la chance d'aller à l'école, disait que tout musulman doit aller à la recherche de la science partout dans le monde.

– Quand les musulmans occupaient un pays, les gens étaient-ils obligés d'apprendre l'arabe ?

– Ils n'étaient pas obligés, mais, à l'époque, si l'on voulait étudier, aller très loin dans ses études, apprendre beaucoup de choses, il fallait connaître la langue arabe. La langue de l'islam s'est imposée comme première langue parlée et écrite dans le monde. À partir du IXe siècle, la science avait l'arabe pour langue, depuis l'Espagne jusqu'en Chine. La recherche scientifique, ce qui permet de faire des découvertes, se faisait en arabe, que ce soit à Bagdad, à Damas, au Caire ou à Grenade, à Palerme ou à Samarkand. Partout, on construisait des universités et des bibliothèques qu'on appelait « **Maisons de la Sagesse** ».

– Qu'est-ce que c'est qu'une « Maison de la Sagesse » ?

– C'était un centre où se réunissaient les gens qui voulaient approfondir leurs études, discuter avec des personnes plus cultivées ou plus expérimentées qu'eux, où tout était fait pour faciliter l'acquisition du savoir et des connaissances.

– Et les gens y allaient ?

– Oui, il y avait une soif d'apprendre, une ardeur pour étudier. Les gens découvraient le monde, des cultures différentes, des langues différentes.

– Qui encourageait les traductions et les études ?

– Les califes, c'est-à-dire les chefs des pays,

ceux qui répandaient l'islam. Mais également des gens riches donnaient de l'argent pour traduire des ouvrages importants et construire des Maisons de la Sagesse, c'est-à-dire de la culture.

– Si tout le monde parlait arabe, les Européens aussi ?

– Non. Les Européens profitaient des découvertes et des traductions faites par les Arabes pour avancer dans leur propre culture.

– Quelle était la capitale de cet Empire arabe ?

– C'était Bagdad, principale ville de l'Irak. Le calife le plus célèbre s'appelait Haroun Al Rachid, celui dont on parle dans les contes des *Mille et Une Nuits*. Il y a vécu au début du IXe siècle. Ce fut de Bagdad que des savants, des étudiants partirent à l'étranger à la recherche de manuscrits de science, de médecine ou de philosophie destinés à être traduits en arabe.

– Mais les Arabes ne faisaient que traduire des livres ?

– Non, ils écrivaient, faisaient de la recherche dans les sciences, en médecine par exemple ; ils construisaient des universités, des **médersas**, c'est-à-dire des écoles religieuses, des bibliothèques, des mosquées, des palais, etc. La traduction signifie que les Arabes ne se considéraient pas comme des savants à qui on n'a plus rien à apprendre. Au contraire, le véritable homme de culture est celui qui dit qu'on apprend toujours des autres. Ils voulaient savoir ce que les peuples qui n'étaient ni musulmans ni arabes pensaient et ce qu'ils faisaient dans le domaine des sciences et des lettres, de l'architecture, du commerce…

— Tu m'expliques comment on traduit…

— Passer d'une langue à une autre n'est pas facile. Il s'agit de transmettre l'équivalent de ce qui est écrit dans une langue à une autre langue. La traduction est souvent le signe d'une curiosité. Je te donne un exemple : les Arabes, même aujourd'hui, continuent de traduire les livres des écrivains d'Europe, des États-Unis, d'Amérique latine. Tu trouves dans les librairies arabes autant sinon plus de livres traduits de langues étrangères que de livres écrits directement en arabe. Cela veut dire que les Arabes ont soif d'apprendre. Si tu vas dans une librairie en Amérique, par exemple, tu constateras qu'il y a très peu de livres traduits. Une enquête récente a révélé que, sur cent livres publiés par les éditeurs américains, seulement trois étaient traduits. Ce que pensent ou écrivent les autres peuples ne les intéresse pas vraiment.

— Ils sont forts !

— Ils sont riches, surtout, et ils pensent qu'ils n'ont pas besoin de la culture des autres.

— Continue de me parler du temps où les Arabes étaient forts.

– Leur force n'était pas physique. Ils avaient compris que la vraie conquête ne se fait pas avec des armées mais avec la culture, même s'ils sont entrés en guerre contre d'autres peuples.

– Définis-moi la **culture**.

– Je suis tenté de dire que c'est ce qui nous différencie des animaux. La culture vient du mot « cultiver » une terre, la labourer et y planter des semences. L'être humain a autant besoin de manger et de boire, d'être en bonne santé que d'apprendre ce qu'est le monde qui l'entoure et dans lequel il vit. La culture est le produit de l'intelligence, ce qui nous permet de développer notre esprit, de mieux réfléchir et d'être en contact avec ce que nos ancêtres ont laissé. La culture se transmet de génération à génération. L'ensemble de ses manifestations et de ses développements s'appelle la « civilisation ».

– Qu'est-ce que nos ancêtres nous ont laissé ?

– Cette question me permet de revenir en arrière et de parler de l'époque des Lumières arabes. Les Arabes ont laissé, pas uniquement à nous autres Arabes et musulmans, mais à toute l'humanité, beaucoup de belles choses : l'algèbre (c'est un mot arabe qui signifie « réduction »), le zéro, oui, le chiffre zéro, tu me diras que ce n'est rien, mais c'est la base même de toutes les mathématiques. En arabe, zéro se dit *cifr*, qui signifie « vide », c'est ce qui a donné aussi le mot « chiffre ». Sans entrer dans les détails historiques, sache que celui qui a le plus encouragé les savants, les poètes, les chercheurs s'appelle Al Ma'amun, calife, fils de Haroun Al Rachid. Il a gouverné un immense empire dont la capitale était Bagdad, qui comptait à l'époque, c'est-à-dire au IXe siècle, plus d'un million d'habitants d'origines et de religions diverses. À la même époque, Rome, la ville la plus peuplée d'Europe, n'avait que 30 000 habitants. Des rencontres avaient lieu entre des savants venus d'Inde, de Chine, d'Europe et du monde arabe. Bagdad était la capitale culturelle du monde. Ainsi, tous les mardis, le calife invitait les savants et hommes de culture présents à Bagdad pour passer la journée à discuter, à réfléchir, à échanger des idées et des opinions. Les Maisons de la Sagesse se multipliaient. Il faut dire que le papier, importé de Chine, va permettre aux copistes de travailler de plus en plus.

– Les livres n'étaient pas imprimés ?

– Non. L'imprimerie sera inventée beaucoup plus tard, au XVe siècle (celui qui fera les premiers essais d'impression est Gutenberg, né à Mayence vers 1400). Mais sache que le premier moulin à papier a été construit à Bagdad en 794. D'autres manufactures de papier seront créées en Égypte, en Palestine, en Syrie. Avec les Chinois, les Arabes de Sicile et d'Andalousie vont introduire l'industrie du papier en Europe.

– Aujourd'hui, je te parlerai de la présence arabe et musulmane en Andalousie, au sud de l'Espagne. Les historiens nous disent que, lorsque les Arabes sont arrivés en Andalousie, ils ont été choqués par la pauvreté culturelle de ce pays malgré le patrimoine de l'Empire romain. Un historien a même écrit : « C'était le néant total. Les immigrants qui arrivaient par fournées entières d'Arabie et de Syrie trouvaient là des populations incapables de leur apporter quoi que ce fût. Rien n'existait qu'on pût adopter, assimiler, imiter ou développer. » En même temps que Bagdad, Cordoue va devenir le plus important centre culturel du monde musulman. Le calife Abd Al Rahman III régna sur l'Espagne musulmane durant un demi-siècle. Il fit de Cordoue une ville magnifique, une ville rayonnante de culture. Il s'entourait de savants musulmans, juifs et chrétiens, leur donnait les moyens financiers de continuer leurs recherches. C'est l'époque où la poésie andalouse – superbe symbole de la rencontre judéo-musulmane –, la littérature de l'amour vont se développer à tel point qu'elles auront une influence profonde et durable sur l'Occident. Le poète français Louis Aragon dit dans « Le fou d'Elsa » tout ce qu'il doit à la poésie arabe de cette époque.

— Tu peux m'expliquer ce qu'il doit ?

— C'est une poésie amoureuse, lyrique, qui chante et pleure l'amour. Louis Aragon, grand poète du XXᵉ siècle, s'est beaucoup inspiré de ces chants pour écrire son long poème d'amour à Elsa, sa femme. Et puis il y a la poésie mystique qui est très belle.

— C'est quoi **mystique** ?

— Dans ce mot, il y a « mystère ». Le mystique est celui qui a une relation forte et intérieure avec Dieu qui exclut tout autre lien ; cette relation est comme la foi, on ne peut pas l'expliquer facilement. La poésie mystique est une célébration d'un amour immense pour Dieu. Dans le monde musulman, les mystiques s'appellent des « soufis ». Le mot vient de *sof*, qui veut dire « laine » en arabe. Les soufis se couvraient d'habits tissés d'une laine grossière, se distinguant ainsi de ceux qui portaient des vêtements luxueux et très colorés. Le soufi renonce aux choses superficielles de la vie pour se consacrer entièrement à la prière, à la méditation et à l'amour de Dieu.

— Ils étaient poètes ?

— Oui. Des poètes aussi vont marquer la civilisation musulmane. Le plus célèbre s'appelle Al Hallaj. Il disait « Je suis Celui que j'aime » en parlant de Dieu. Un jour, il ira dans les rues de Bagdad et dira « Je suis la Vérité ». Cette confusion avec Dieu ne sera pas tolérée, il sera considéré comme un possédé. Il sera arrêté, jugé et condamné à mort en 922. Il a laissé des poèmes d'une grande beauté. Il faut que tu saches aussi que Dieu se méfie des poètes. Il est dit dans le verset 224, sourate XXVI : « Quant aux poètes, ne les suivent que les fourvoyés », c'est-à-dire ceux qui se sont égarés, ceux qui se sont trompés de voie. Il ajoute : « Ils disent ce qu'ils ne font pas. »

— Tu m'as dit un jour que ce que tu aimes le plus dans le Coran, c'est sa poésie !

— Le Coran est écrit dans une très belle langue. Je la trouve pleine de poésie. Mais « poètes » dans le sens du verset vise ceux qui se payent de mots et n'agissent pas. Ce n'est pas ce qui caractérise les poètes en général.

— Donc, tout ce qui se faisait de bien était arabe !

— Disons que les Arabes avaient compris une chose simple : pour progresser, pour s'enrichir, il ne faut pas fermer sa maison, au contraire, il faut ouvrir les portes et les frontières, aller vers les autres, s'intéresser à ce qu'ils ont écrit, à ce qu'ils ont construit. Ils voulaient avancer, et pour cela ils avaient besoin d'apprendre ce que les anciens d'autres pays avaient déjà fait. L'intelligence des Arabes a consisté à être modestes et à accepter le fait que le savant est celui qui commence par dire « je ne sais rien ». Ils sont allés chercher la science là où d'autres l'avaient développée, en Grèce par exemple.

– Pourquoi en Grèce ?

– Parce que la grande Grèce du IIIe et du IVe siècle avant notre ère, c'est-à-dire il y a 2400 ans, était le lieu où des savants ont travaillé les mathématiques, l'astronomie, la médecine, la philosophie.

– Tout se passait en Grèce ?

– Non, il y avait aussi la Perse : l'Iran d'aujourd'hui.

– C'est quoi l'astronomie ?

– C'est l'étude des astres et leur position dans le ciel.

– Les Arabes s'intéressaient aussi au ciel ?

– Évidemment, car pour se diriger au milieu de l'océan, il faut connaître la position des astres dans le ciel. Sais-tu que les deux premiers observatoires du ciel ont été créés en 827 : un à Damas, l'autre à Bagdad.

– Mais les Grecs n'étudiaient-ils pas les astres ?

– Oui, au IIe siècle, il y eut Ptolémée, un grand astronome. Les Arabes ont lu ce qu'il avait écrit et ont poursuivi sa recherche. Celui qui va le mieux s'inspirer de Ptolémée s'appelle Ibn Al Haytham (mort en 1040). Il était mathématicien, physicien et astronome. Il a écrit un traité d'optique de mille pages qui a été la base sur laquelle le monde occidental a travaillé entre le XIIIe et le XVIe siècle pour l'orientation sur terre et sur mer.

– De quoi parle l'**optique** ?

– De tout ce qui concerne l'œil, la vue et les moyens techniques pour observer les choses que l'œil nu ne peut pas distinguer.

– Les Arabes étaient forts partout !

– Encore une fois, j'insiste : leur force vient de leur humilité, ils acceptent d'apprendre et ne se disent pas qu'ils sont savants, ni que leur civilisation est supérieure à une autre.

– C'est quoi **humilité** ?

– C'est le fait d'être modeste, de ne pas croire qu'on sait tout et que personne n'a rien à nous apprendre. L'humilité c'est, comme on dit au Maroc, « avoir la tête petite », c'est-à-dire le contraire de la grosse tête ! Le sage est celui qui commence par reconnaître qu'il ne sait pas grand-chose, qu'il a tout à apprendre des autres.

– Tu m'as dit que dans certains pays arabes, on appelle le médecin « le sage », *al hakim*.

– Effectivement. La médecine arabe a été l'œuvre de grands savants et par conséquent des sages. Sache que le plus ancien des hôpitaux connus a été créé par Haroun Al Rachid vers l'an 800. Deux grands noms s'imposent dans l'histoire de la médecine : Al Razi, originaire d'Iran, et Avicenne, né dans les steppes d'Asie centrale. Ce dernier a écrit en arabe

Canon de la médecine, une encyclopédie en cinq volumes reconnue en Occident comme « l'apogée et le chef-d'œuvre de la science arabe ». Il a été traduit en latin au XIIe siècle. Il dominera l'enseignement de la médecine en Europe jusqu'à la fin du XVIIe. Je te donne sa définition de la médecine : « *La médecine est la science qui étudie le corps humain, en tant qu'il est sain ou malade, dans le but de préserver la santé quand elle existe déjà et de la rétablir quand elle a été perdue.* »

À la même époque, un médecin, Al Zahraoui, fit avancer la science de la chirurgie et des instruments chirurgicaux. Ce n'est qu'au XIIIe siècle que la chirurgie s'imposera en Europe. Elle prit du retard, car la religion chrétienne n'était pas d'accord avec cette science. Tu vois, aujourd'hui on accuse les musulmans d'être en retard, mais les chrétiens sont eux aussi passés par là.

— C'est vrai qu'être musulman en ce moment, c'est difficile !

— Pourquoi dis-tu ça ?

— Ce n'est pas moi qui le dis, je l'ai entendu à la télévision.

— C'est vrai. À cause de quelques fanatiques qui se réclament de l'islam, les musulmans sont mal compris et mal perçus en ce moment. Mais, avant d'y revenir, laisse-moi te donner quelques exemples de musulmans qui ont été en avance sur tout le monde.

— Dans quel domaine ?

– En littérature, par exemple. Tu connais *Les Fables* de La Fontaine ?

– Oui, bien sûr.

– Alors, sache que bien avant La Fontaine, un écrivain arabe, Ibn Al Muqaffa (VIIIe siècle), a traduit et adapté en arabe des fables et contes indiens sous le titre *Kalila et Dimna*. La Fontaine lira ce livre traduit en français en 1644. Il s'inspirera de ces fables et de celles d'Ésope pour rédiger ses propres fables animalières.

– La Fontaine est un copieur !

– Non, pas un copieur, mais un homme intelligent qui a su prendre ce qu'il y avait à prendre et a écrit pour les enfants de France. Mais sans Ibn Al Muqaffa, il n'y aurait probablement pas de *Fables* de La Fontaine.

– Encore un exemple !

– Tu connais l'histoire de Robinson Crusoé ?

– Oui, on l'a lue en classe.

– Au XIIe siècle, un homme qui vivait à Grenade, puis à Tanger et à Marrakech, a écrit *Hay Ibn Yaqdan*. C'est l'histoire d'un homme seul sur une île déserte qui va découvrir par lui-même les grandes vérités de la vie qui conduisent à ce qu'il appelle « la lumière de Dieu ». Un prophète venu d'une île voisine lui confirmera que les vérités révélées par la religion sont celles-là mêmes qu'il a pu découvrir par lui-même. Cet ouvrage a précédé de cinq siècles le livre de Daniel Defoe.

– Un autre exemple !

– Marco Polo est connu pour avoir fait le tour du monde. Bien avant lui, un Arabe, Ibn Batouta, né en 1304 à Tanger, avait fait deux fois le tour du monde. Il a laissé un journal où il raconte ce qu'il a vu et entendu.

– Quoi d'autre ?

– Un Italien d'Amalfi, Flavio Gioja, est souvent considéré comme l'inventeur de la boussole. En fait, ce sont des navigateurs arabes qui lui ont fait découvrir cet instrument qui permet de se diriger sur mer et sur terre. Les navires commerciaux arabes étaient les maîtres des mers dès le XIIe siècle. Ce n'est qu'en 1302 que Flavio Gioja découvrira dans un livre l'existence de cet instrument inventé par des Arabes.

– D'accord ! Les Arabes ont inventé beaucoup de choses. Et aujourd'hui, ils n'inventent plus rien ?

– Pour comprendre l'état actuel des pays arabes et musulmans, j'ai besoin de te faire encore un peu d'histoire. Si tu m'as bien suivi, l'islam a été ce qui va pousser les Arabes à parcourir le monde dans le but de répandre le message du prophète et aussi de convertir le plus de gens possible à cette nouvelle religion. En sortant de chez eux, ils découvriront un autre monde et voudront s'instruire et participer à l'évolution de l'humanité. C'est ce qui va se passer. Il y aura des batailles, des morts, des conflits à l'intérieur de l'islam. Quand les musulmans occupent un pays, ils prennent sous leur protection les chrétiens et les juifs. Ceux-ci leur doivent un impôt.

– Ils achètent leur protection ?

– En tant que minorités, oui.

– Minorités ?

– En terre d'islam, les juifs et les chrétiens, que les musulmans appellent « les gens du Livre » – c'est-à-dire ceux qui ont une religion fondée sur un livre saint, comme le Coran pour les musulmans –, n'étaient pas nombreux, c'est ce qu'on appelle une minorité. Du fait de cette situation, ils devaient verser une somme d'argent directement au Trésor en échange d'une garantie pour leur sécurité physique et morale.

– Pourquoi devait-on payer pour vivre avec les musulmans ?

– Peut-être que les musulmans voulaient les pousser à se convertir à l'islam… Mais cette situation n'a pas duré tout le temps. Malgré cela, entre le IXe et le XIe siècle, c'est quand même l'intelligence, le savoir et la culture qui caractérisent les actions des musulmans. Après Avicenne (980-1037), qui sera enseigné en Europe jusqu'au XVIIe siècle, après Al Farabi, qui a mis en place un tableau général des sciences, arrive Averroès. C'est un homme important.

– Plus que les autres ?

– Oui, parce qu'il va aller encore plus loin que ses prédécesseurs. Il apparaît un siècle après Avicenne. Né à Cordoue en 1126, il meurt en exil au Maroc en 1198.

– Pourquoi s'est-il exilé au Maroc?

– Justement, c'était un philosophe. C'est lui qui a recueilli l'héritage du philosophe grec Aristote et l'a transmis à l'Occident. Il était aussi un grand juriste musulman.

– Que veut dire « juriste »?

– Celui qui étudie le droit, c'est-à-dire les règles et les lois qui sont à la base de toute société. C'est ce qui définit les critères de la justice.

– Bien. Donc, il était ami de la sagesse et de la justice.

– Il va essayer d'introduire la Raison au cœur de la foi.

– La Raison, c'est la logique; la foi, c'est la croyance, n'est-ce pas?

– Oui, il va tenter de donner au fait de croire une certaine logique. Ensuite, il va remarquer que la religion musulmane est utilisée par des gens qui ont d'autres intérêts. Il y a des sectes, des clans qui refusent de discuter et surtout d'accepter l'apport des étrangers. Des disputes auront lieu. La maison de l'Islam n'est plus la Maison de la Sagesse. Averroès dénonce tout cela, mais les hommes politiques à Cordoue ne sont pas de son avis. Il fuit et demande protection au Maroc. À partir de cette époque, la civilisation musulmane sera contaminée par le fanatisme et l'intolérance. Mais il n'y a pas que ces signes pour expliquer la décadence, il y a aussi toute la période des croisades.

7ᵉ *jour*

– Que veut dire **décadence** ?

– C'est quelque chose qui se dégrade, qui décline, qui, au lieu d'aller vers le progrès, prend le chemin de la descente et de la chute. Une maison qui n'est plus entretenue, qui n'est plus habitée ou mal habitée se dégrade ; elle tombe en ruine, plus rien ne fonctionne à l'intérieur. Une civilisation, c'est comme une grande maison. Si ses fondations sont solides, ses murs faits avec de la bonne pierre, si les gens qui la fréquentent lui apportent de nouvelles richesses, l'aèrent et l'embellissent, elle se maintiendra. Enfin, c'est plus compliqué, mais une civilisation, c'est un ensemble d'acquis fait d'héritage et de fructification de ce que les ancêtres ont légué. Il faut savoir prendre soin d'une civilisation comme d'une vieille et belle maison.

– La civilisation arabe n'a pas été bien entretenue ?

– Après son époque de gloire et de lumière, elle a reçu des coups, d'abord parce que des divisions ont eu lieu à l'intérieur de la grande maison. Des rivalités entre les califes : ces dirigeants ont eu des appétits de plus en plus grands, ils ne pensaient plus à l'intérêt général mais aux intérêts immédiats de leur égoïsme. Ainsi les califats de Bagdad et de Cordoue étaient sunnites, c'est-à-dire dans la tradition classique du prophète, tandis que le califat fatimide au Caire était chiite, c'est-à-dire partisan d'Ali.

– Comment s'exprimaient ces divisions ?

– À partir de 1055, les califes font appel à des mercenaires seldjuqides (venus de la Turquie actuelle) pour défendre leur territoire. Par exemple, cette armée seldjuqide va empêcher les chrétiens d'accéder aux lieux saints de Jérusalem et va les persécuter. Ils prendront ainsi le pouvoir politique.

– Que se passe-t-il alors ?

– Le pape Urbain II va profiter de cette situation de division arabe et de cette arrivée des mercenaires pour déclencher les croisades contre les musulmans, de 1096 à 1099. Au début, il répond à un appel au secours lancé par l'empereur byzantin, dont la capitale – Constantinople – était menacée par les musulmans seldjuqides. Par la suite, les armées chrétiennes vont mener leurs propres conquêtes.

– D'où vient le mot **croisade**?

– Du mot «croix», la croix étant le symbole des chrétiens puisque Jésus avait été crucifié. La croisade est le fait d'aller faire la guerre au nom du christianisme contre ceux qui s'opposent à cette religion ou qui gênent son expansion. À l'époque, l'islam ne cessait de se répandre et de briller sur tous les plans. Il y aura en tout huit expéditions de chrétiens armés. La dernière aura lieu en 1223. Les princes catholiques prennent Cordoue en 1236, puis Séville en 1248. Ce sont des défaites politiques et militaires pour la civilisation arabe et musulmane. Seule Grenade va résister. Elle sera le dernier foyer de la civilisation arabe en Europe. Elle tombe aux mains des rois catholiques en 1492. C'est la fin d'une époque et d'une grande civilisation. Le monde change. 1492, c'est aussi l'année où Christophe Colomb découvre l'Amérique.

– Que se passe-t-il alors pour les Arabes d'Andalousie?

– Il y avait des juifs et des musulmans. On va les chasser, les expulser d'Espagne. À ceux qui voudront rester, on dira: vous avez le choix entre deux choses, le baptême ou la mort.

– Qu'est-ce que ça veut dire?

– Devenir chrétien ou mourir. Beaucoup ont choisi de se convertir au catholicisme. Mais malgré cette conversion, ils seront encore persécutés, car au fond de leur cœur ils n'avaient pas renoncé à leur foi. On les appelle les maurisques. Ils seront persécutés et déportés massivement hors d'Espagne. C'est ce qu'on appelle l'Inquisition. Elle se terminera le 22 septembre 1609. Sache enfin que l'Espagne catholique va absorber sans jamais le reconnaître tout ce que les Arabes ont apporté dans cette région. Parmi les musulmans qui ont dû fuir Grenade au moment de la reconquête de ce pays par les catholiques, il y avait un savant, un géographe, Léon l'Africain. De son vrai nom Hassan Al Wazzan (le Peseur), il a passé plusieurs années à Rome auprès du pape Léon X (1518). Il a enseigné l'arabe et l'italien, a introduit à la cour de ce pape des textes grecs traduits en arabe, qu'il a ensuite traduits en latin. Il est le symbole d'une bonne entente entre l'Orient et l'Occident.

– Que vont devenir les musulmans et les Arabes?

– Le monde arabe sera isolé; il lui sera interdit d'avoir des relations commerciales avec l'Europe; la philosophie arabe continuera de s'enseigner dans les universités européennes, mais elle cesse de se développer et surtout d'être étudiée dans le monde arabo-musulman.

– Qu'est-ce qu'on étudie à la place?

– À la place de la philosophie qui nous apprend la méthode, le doute et la réflexion, qui nous ouvre des horizons divers et multiples sur la pensée des autres peuples, on enseigne la religion islamique et rien que la religion islamique. Or qui dit religion, dit croyance, donc absence de réflexion et de doute. On passe ainsi d'une tradition d'ouverture sur le monde à un isolement, une fermeture sur soi. C'est un appauvrissement. Ce sera très grave pour le monde arabe et musulman. Cela prendra du temps, mais le résultat, on le voit aujourd'hui. Quand on a été vaincu, on subit les conséquences de la défaite pendant longtemps, très longtemps.

– Que va-t-il se passer entre le XVIe siècle et aujourd'hui?

– Beaucoup d'événements. Mais essayons de comprendre pourquoi le monde arabe va connaître une longue période de déclin.

– C'est quoi le déclin?

– Décliner veut dire baisser de niveau et de qualité. On dit de quelqu'un qui est malade que sa santé décline, ou bien, s'il voit mal, que sa vue décline, s'il n'entend pas bien, que son ouïe décline. C'est comme la décadence. Il y a le signe d'une chute lente.

– Alors, pourquoi ce déclin?

– L'acquisition du savoir, les traductions, les rencontres entre savants, la liberté philosophique, tout cela était voulu, financé et protégé par les princes. Cette ouverture répondait au besoin de comprendre le monde pour bien gouverner un empire très vaste où il n'y avait pas que des peuples arabes. Le jour où les princes se sont mis à se disputer, les savants et les philosophes n'ont plus trouvé de soutien, ni politique ni financier, pour continuer à travailler.

– Dis-moi un nom de savant arabe marquant cette époque.

– S'il ne faut garder en mémoire qu'un seul nom, le dernier grand savant arabe, celui qui a écrit une œuvre de portée universelle, c'est Ibn Khaldoun. Il est l'inventeur de ce qu'on appelle aujourd'hui la « sociologie », c'est-à-dire l'étude des faits et comportements de la société. Il a vécu à la fin du XIVe siècle et au début du XVe en Afrique du Nord (1332-1406). Il a étudié la mentalité et les comportements des Arabes. Il les a bien observés et les a beaucoup critiqués. Il a ouvert la voie à la critique et au changement. Il mettait en garde les califes contre les personnes non qualifiées qui prennent en charge l'enseignement religieux et qui en profitent pour égarer le peuple. Il était aussi contre le fait que certains utilisent les mosquées pour enseigner autre chose que le Coran. Déjà, à son époque, il voyait le danger qui consiste à utiliser l'islam pour des raisons qui n'ont rien à voir avec la religion. C'était un visionnaire. Il a démontré l'influence que peut avoir le climat sur l'humeur et les mentalités des peuples. Il faudra attendre la fin du XIXe siècle et le début du XXe pour que des esprits intelligents et ouverts, comme Ibn Khaldoun, proposent des réformes à l'islam.

— C'est quoi des **réformes** ?

— Il s'agit de changer certaines règles et habitudes dans la façon de pratiquer la religion.

— Est-il possible de changer quelque chose dans la religion musulmane ?

— Il ne s'agit pas de toucher aux valeurs et préceptes qui la fondent, mais, tout en s'attachant à ce qu'elle a de fondamental, il est possible d'y introduire des réformes. Pour cela, il faut du courage et de la persévérance. À retenir, les noms de l'Afghan Jamal Edine Al Afghani (mort en 1897), de l'Égyptien Mohammed Abduh (mort en 1905). Ils prônaient le dialogue, la tolérance et surtout l'adaptation au monde moderne. Ils disaient qu'il ne faut pas accepter aveuglément ce que les anciens maîtres imposaient comme règles de conduite en islam, que l'époque où est né l'islam est très différente des Temps modernes. Pour changer des choses dans les pays musulmans, ils se basaient sur un verset du Coran qui dit : « Dieu ne change pas la condition d'un peuple tant que celui-ci ne change pas ce qui est en lui-même » (sourate XIII, verset 11). Cela veut dire que, si aujourd'hui les musulmans sont mal vus dans le monde, ce n'est pas toujours la faute des autres, des non-musulmans. Il faut qu'ils décident de changer ce qui est mauvais ou malade dans leur société. Même si des non-musulmans ont fait du mal aux peuples islamiques, il ne faut pas leur mettre sur le dos tout ce qui ne marche pas bien dans ces pays. Chacun a sa part de responsabilité. Les croisades sont un lointain souvenir, la colonisation aussi. S'il y a parmi les musulmans des jeunes devenus violents et fanatiques, c'est que leur éducation a été mal faite, on les a laissés entre les mains de gens ignorants et sans scrupules. On n'a pas su ou voulu leur faire aimer le développement, la culture et la vie. On a laissé se développer la pauvreté et l'analphabétisme. On a eu peur de la liberté et on n'a rien fait contre la corruption et les injustices. Alors, ils se sont tournés vers la religion qu'ils connaissent mal. Ils sont, comme dit le Coran, égarés. Ils sont dans l'erreur. La racine du Mal n'est pas toujours chez les autres.

– C'est quoi **scrupules** ?

– Tu sais comment on appelle le tout petit caillou qui s'introduit dans ta chaussure et te gêne quand tu marches ?

– Non. Un petit caillou embêtant ?

– On l'appelle « scrupule », parce qu'il est le grain de sable qui empêche l'homme bon de dormir. Il est travaillé par ce quelque chose qui peut être une loi, une règle, un principe. Les gens sans scrupules dorment sans problèmes.

Ils ne sont pas gênés par le non-respect des principes.

8ᵉ *jour*

— Quels sont les principaux événements qui vont se produire dans le monde arabe au moment où il connaît un début de décadence ?

— De l'Empire arabo-musulman on va passer à l'Empire ottoman, c'est-à-dire turc. Les Turcs vont s'installer en Égypte, au Liban, en Syrie, en Iran, dans les Balkans, en Tunisie, en Algérie. Le Maroc va leur résister et échappera à leur mainmise. Le XVIᵉ siècle a été l'apogée de la puissance militaire ottomane. L'islam est religion d'État. Au XIXᵉ siècle, le grand empire connaît son déclin. Après la Première Guerre mondiale, la Turquie a choisi de devenir un État moderne, séparant la religion de la politique. Le califat, c'est-à-dire la direction spirituelle et politique de tous les musulmans, fut supprimé en 1922. Grâce à Mustafa Kemal, la Turquie est devenue un pays laïc.

— C'est quoi **laïc** ?

— Être laïc, c'est n'être pas religieux.

— Cela veut dire ne pas croire en Dieu ?

— Non, on peut croire en Dieu et être laïc. La laïcité, c'est le fait de ne pas utiliser la religion pour imposer des lois concernant la vie des gens. La laïcité est devenue officielle en France à partir du 9 décembre 1905, date où fut prononcée la séparation de l'Église et de l'État. Un exemple : l'école publique en France cst une école où les religieux n'ont pas le droit d'enseigner. Ils ont, en revanche, le droit d'avoir leurs propres écoles. Il y a des églises, des synagogues et des mosquées. Chacun a le droit d'aller prier où il veut. L'État n'intervient pas dans la pratique de la religion. La Turquie a été le premier pays musulman à devenir un État laïc.

– Est-ce important ?

– Vu ce qui se passe en ce moment, c'est très important de séparer la religion et la politique. Tant qu'on n'aura pas établi une barrière entre les deux, il y aura des problèmes. En France, les musulmans doivent vivre leur religion tout en respectant les lois de la République.

– Comment ?

– Tu te souviens de ces filles marocaines qui venaient au collège en portant un foulard autour de la tête ?

– Non, mais raconte-moi.

– Des professeurs n'ont pas voulu les accepter en classe en disant que, la France étant un pays laïc, il ne faut pas montrer son appartenance religieuse à l'école.

– Et alors, qu'est-ce qui s'est passé ?

– Il y a eu beaucoup de discussions. Finalement, certaines filles ont renoncé à porter le foulard. D'autres ont été retirées de l'école par leurs parents. Ils ont eu tort de les priver d'enseignement.

– J'ai vu l'autre jour à la télévision des femmes couvertes des pieds à la tête. On dirait des fantômes…

– Ce que tu as vu, ce sont des femmes afghanes que des hommes maltraitent au nom de l'islam.

– Mais est-ce que l'islam oblige la femme à se couvrir entièrement ?

– Non. Tu veux parler du voile qu'on appelle *hijab* dans le monde arabe et *tchador* en Iran. Ce qui est dit dans le Coran est simple : une femme qui prie, donc qui s'adresse à Dieu, doit se couvrir la tête et porter des habits qui ne moulent pas son corps. Cela, on le trouve aussi chez les chrétiens et les juifs. Si une femme est habillée de manière provocante, par exemple si elle porte une minijupe ou un chemisier qui laisse voir sa poitrine, si sa chevelure est dénouée, on ne la laisse pas entrer dans une église ou dans une synagogue. Les femmes musulmanes ont le droit d'aller à la mosquée, mais ne doivent pas se mélanger aux hommes. C'est pour éviter des troubles et des incidents. Un lieu de prière n'est pas un lieu de rencontre entre les sexes.

– Donc, Dieu parle du **voile**.

– Oui. Dans la sourate XXIV (« La Lumière »),

verset 31, il recommande aux croyantes de « baisser leurs regards » et de « couvrir de leurs voiles leurs seins ». Dans la sourate XXXIII, verset 59, il s'adresse au prophète ainsi : « Dis à tes épouses et à tes filles, et aux femmes des croyants, de laisser tomber jusqu'en bas leur robe de dessus. Il sera plus facile ainsi qu'elles ne soient pas reconnues, et qu'elles ne soient point offensées. » Cela veut dire que les femmes des croyants devaient se distinguer des femmes de mauvaise vertu.

– Pourquoi Dieu parle des épouses ? Le prophète en avait plusieurs ?

– En islam, l'homme a droit à quatre épouses. C'est ce qu'on appelle la polygamie.

– Je sais. Mono, c'est un ; poly, c'est plusieurs. Mais ce n'est pas juste !

– Tu as raison, ce n'est pas juste. Tu sais, si on suit avec attention le texte du Coran, on se rend compte que c'est impossible pour un homme croyant et bon musulman d'être polygame, parce qu'il est dit « à condition de les aimer également », c'est-à-dire d'être juste et équitable avec chacune. Ce qui est impossible. On ne peut pas avoir le même amour pour quatre femmes en même temps. Forcément, il y a une préférence, donc une injustice. Aujourd'hui, la polygamie est en voie de disparition, car la femme est en train d'acquérir des droits, hélas pas dans tous les pays islamiques, mais dans certains, comme la Tunisie où la polygamie est interdite. Ni le voile, façon taliban, ni la polygamie ne sont acceptables aujourd'hui.

– Les femmes se sont révoltées, j'espère !

– Oui, mais pas tout le temps et pas toutes en même temps. Heureusement, des associations de femmes dans des pays musulmans, comme l'Égypte, le Maroc ou l'Algérie, luttent pour que le Code de la famille change et pour que la femme ait les mêmes droits que l'homme. Ce n'est pas facile, car même si l'on changeait les textes de loi, il faudrait du temps pour que les mentalités acceptent le bouleversement de leurs habitudes. Un bon musulman doit être un homme juste, donc il devrait accepter que la femme ait les mêmes droits que lui dans la vie quotidienne. Sache qu'en islam il est dit en toutes lettres qu'il n'y a pas de honte ou de pudeur à parler de sexualité. On dit en arabe : « *La haya'a fi dine.* »

– Qu'est-ce que ça veut dire ?

– Cela veut dire que l'islam parle sans détour des relations entre hommes et femmes. Quand j'étais adolescent, j'ai lu un petit livre, *Le Jardin parfumé*. Il a été écrit au XVe siècle par un homme de religion de Tunisie, Cheik Nafzawi. C'est un manuel d'éducation sexuelle pour les jeunes musulmans. Évidemment, il s'adresse aux garçons, pas aux filles. C'est au nom des recommandations de l'islam que le cheik s'exprime et explique comment faire l'amour.

– Revenons à l'histoire !

– Donc, après la fin de l'Empire turc, c'est au tour des Européens d'entrer et de s'installer avec armes et bagages dans des pays où ils n'ont pas été invités : les Français débarquent en Algérie en 1830 ; les Anglais en Égypte en 1882 ; après la Tunisie, les Français instaurent un protectorat au Maroc en 1912.

– Pourquoi viennent-ils dans ces pays ?

– C'est ce qu'on appelle la colonisation. « Coloniser » veut dire planter des colonies sur des terres étrangères, c'est-à-dire occuper des terres par la force et imposer dans le pays des lois et des règles qui soumettent la population locale. C'est une domination.

– C'est injuste !

– Oui, c'est violent et injuste. Mais ce qui a permis l'occupation de ces pays arabes et musulmans, c'est le déclin qu'ils connaissaient. C'est comme un corps malade qui ne peut pas se défendre et se voit envahi par d'autres maladies.

– Est-ce que les gens se sont révoltés ?

– Oui, après quelques décennies, ils se sont réveillés. La plus terrible de ces guerres pour l'indépendance a été celle d'Algérie, entre 1954 et 1962. Il y a eu des centaines de milliers de morts de part et d'autre, puis les Français qui étaient nés et vivaient en Algérie ont dû partir.

– Est-ce que l'islam a joué un rôle dans ces guerres ?

– Oui. L'islam, en tant que religion et culture, a unifié tous les combattants. Il les a rendus solidaires. Mais cela ne s'est pas transformé en guerre de religion. Après les indépendances, ces pays ont connu des bouleversements politiques.

9e jour

– D'où vient la violence des musulmans ?

– Tous les musulmans ne sont pas violents. Il ne faut jamais généraliser. Sache qu'aucune religion n'est totalement pacifique ou totalement vouée à la guerre. Dans le Coran, tu trouves beaucoup de versets qui prônent l'amour, la justice, la concorde et la paix entre les hommes, le pardon et la sagesse, et puis tu trouves aussi des versets qui poussent le musulman au combat quand les circonstances l'exigent. La violence existe partout. Et puis les musulmans ne forment plus un empire comme au début de l'islam. La communauté musulmane est éparpillée dans tous les continents. Je ne pense pas qu'un Chinois a la même conception de la pratique de la religion musulmane qu'un Marocain, ou un Africain ou un converti européen. Il est vrai que, après la mort du prophète, des violences et des guerres eurent lieu. Cela provient du fait que l'islam n'est pas une religion détachée de la vie quotidienne. Elle se préoccupe de la conduite des hommes dans la cité, de leur morale, de l'organisation et de la direction de leur communauté. C'est ce qu'on appelle de la politique. Cela va permettre à l'imam Khomeyni, celui qui renversa le chah d'Iran en 1978 et instaura une République islamique, de dire « l'islam est politique ou n'est rien ». Ainsi l'islam régit la vie des gens de manière plus directe que ne le font le christianisme et le judaïsme. À partir de là, la porte est ouverte à la lutte et à la violence. La politique, c'est souvent la lutte pour le pouvoir. Si ce combat est fait au nom de l'islam, comme c'est le cas en Iran, la violence qui sera utilisée sera forcément imputée à l'islam.

– Oui, je veux savoir, je veux comprendre, parce que aujourd'hui on parle de l'islam à cause des attentats.

– Tu as raison. Alors il faut être patient et continuer à écouter l'histoire de l'islam. Là, il faut que je te parle d'une secte qui s'appelle les **hachachins**. (Une secte, c'est un ensemble de personnes qui suivent de manière aveugle un maître appelé « gourou ».) Le mot arabe *hachiche* veut dire « herbe » et plus généralement « drogue ». L'hachachin est un amateur de drogue, celui qui fume de l'herbe. Cette secte a existé en Asie occidentale, c'est-à-dire en Syrie et en Perse, aux XIᵉ et XIIᵉ siècles. Son chef, Hassan As-Sabbah, musulman strict, dur et autoritaire, était surnommé « le Vieux de la Montagne » (mort en 1166). Devenu un gourou, il s'installera dans le château d'Alamût, non loin de la mer Caspienne, et de là il lancera ses troupes pour des expéditions punitives contre les gouvernants. Auparavant, il droguait ses disciples avec du chanvre indien. Il fera trembler des rois et des princes. Ses armes, c'était la terreur, la haine et les massacres. Le mot « hachachins » a donné en français « assassins ».

– « Le Vieux de la Montagne » était aussi un mauvais musulman ?

– Il était chiite et voulait rester mystérieux. On a comparé ceux qui commettent aujourd'hui des attentats suicides aux disciples du « Vieux de la Montagne ». Mais, encore une fois, cela ne vient pas de l'islam.

– Je sais. L'islam veut dire « soumission à la paix », ne pas commettre de crimes. Mais ceux qui ont commis des attentats sont des musulmans.

– Oui, mais les musulmans ne sont pas l'islam.

– Qu'est-ce que cela veut dire ?

– Cela veut dire qu'une religion n'est pas comprise de la même façon par tous ceux qui s'en réclament.

– Bon. Qu'est-ce qui s'est passé ensuite ?

– L'islam s'est beaucoup répandu en Afrique et en Asie (sais-tu que le plus grand pays musulman se trouve en Asie, c'est l'Indonésie ?). Tu te rends compte, ils étaient quelques centaines au VIIᵉ siècle, ils sont plus d'un milliard aujourd'hui.

– Un milliard de musulmans dans le monde ! Pourquoi tant de gens deviennent-ils musulmans ?

– Les Arabes sont une minorité comparés aux Asiatiques qui sont devenus musulmans. Tous les Arabes ne sont pas musulmans. Ainsi, tu trouves des Arabes chrétiens en Égypte (ce sont des coptes ; ils représentent 15 % de la population) ; au Liban, ce sont des maronites. Ils disent la messe en arabe. C'est très beau.

– Et en France ?

– L'islam est la deuxième religion de France. On estime le nombre des musulmans à 4 millions ; pour la plupart, ce sont des Maghrébins ; les autres sont des Turcs, des Africains, des Pakistanais, des Égyptiens, etc. Comme en islam, il n'existe pas de clergé, ils n'arrivent pas à se mettre d'accord pour désigner un représentant unique de toutes ces communautés.

– Penses-tu que les musulmans et les chrétiens vont s'entendre pour vivre en paix ici en France et ailleurs en Europe ?

– Il n'y a pas de guerre entre les deux religions. Les musulmans de France ont la chance de vivre dans un pays démocratique qui leur garantit le droit de pratiquer librement leur religion. Mais il ne faut pas oublier que la France est un pays laïc, c'est-à-dire qu'aucune religion n'est religion d'État. Toutes les religions ont le droit d'exister mais aucune ne peut dominer les autres. Pour terminer, je te cite un verset du Coran qui fait l'éloge de ce qu'on appelle le métissage : « O vous hommes / en vérité, Nous vous avons créés d'un mâle et d'une femelle, et Nous vous avons constitués en peuples et tribus pour que vous puissiez vous connaître les uns les autres » (sourate IL, verset 13).

– Nous avons entendu des mots et nous voudrions en connaître le sens. Peux-tu nous les expliquer ?

– Quels sont ces mots ?

– **Intégristes**.

– D'après le dictionnaire, ce mot est emprunté à l'espagnol *integrista*, qui signifie « membre d'un parti voulant que l'État soit dépendant de l'Église ». Pourtant, dans cette notion, il y a le mot « intègre » qui veut dire quelque chose de bien. Une personne intègre est loyale, fidèle à des principes et à des valeurs. Le contraire de ce mot est « corrompu ». Le corrompu est quelqu'un qui est vendu, il sacrifie ses valeurs et ses principes pour de l'argent ou pour un intérêt.

– Mais qu'est-ce que « intégriste » a à voir avec l'islam ?

– Les musulmans extrémistes n'utilisent pas ce mot pour désigner l'action qu'ils mènent. En revanche, ce mot a été utilisé pour désigner des catholiques qui veulent davantage de rigueur dans la pratique de leur religion. Ils veulent par exemple dire la messe en latin et non en d'autres langues. Quand des musulmans ont commencé à réclamer un islam plus dur, plus fidèle à l'époque de sa naissance, la presse les a désignés par le mot « intégristes ».

– Comment se définissent-ils alors ?

– Ils se disent **islamistes**. Entre eux ils se nomment tous frères. Cela vient du premier mouvement constitué en 1928 par un instituteur, Hassan Al Banna, dans une petite ville d'Égypte, Ismaïlia, et qui portait le nom de « Frères musulmans ». Il luttait contre la dégradation des mœurs et contre les influences des Européens sur les musulmans. Il s'opposait au parti nationaliste égyptien Wafd qui militait pour un système politique démocratique et parlementaire. Un de leurs dirigeants, Sayed Qotb, sera arrêté et torturé pour « complot contre Nasser », condamné à mort et exécuté le 29 août 1966. C'est son maître, Al Banna, qui a dit : « Toute parcelle de terre sur laquelle a flotté l'étendard de l'islam est pour tout musulman une patrie qu'il doit conserver, pour laquelle il doit travailler et combattre en guerre sainte. » Le mouvement poursuit son chemin en Égypte et dans d'autres pays musulmans. Ils sont bien organisés, viennent en aide aux pauvres et aux malades, et se réfèrent aux nombreux livres laissés par Sayed Qotb, qui était un homme très cultivé.

Quand on écoute les prêches des islamistes, on comprend qu'ils cherchent à imposer par la force un mode de vie, de comportement et d'habillement qui refuse l'époque actuelle. Ils oublient quelque chose de simple : l'islam est né il y a plus de quatorze siècles. Il y a dans ses écrits des valeurs qui sont valables tout le temps, éternellement. Puis il y a des choses qui ont concerné l'époque de sa naissance et qui ne s'adaptent plus aux temps modernes. Ils veulent revenir à l'époque du prophète et comprennent le message de Mohammed d'une façon très réduite, très schématique et caricaturale.

– Par exemple ?

– Les « islamistes » ne veulent pas que la femme soit l'égale de l'homme, ni qu'elle ait des droits, ni qu'elle puisse décider elle-même de son propre sort. Ils sont pour la répudiation et la polygamie.

– C'est quoi la **répudiation** ?

– Le mari a le droit de divorcer de sa femme sans lui demander son avis et sans passer devant un juge ou par un avocat. Il va voir un fonctionnaire des affaires religieuses et lui demande d'envoyer un avis à sa femme.

– Mais c'est injuste.

– Ce n'est ni juste ni humain, mais c'est en train de changer dans certains pays musulmans qui veulent être modernes. On a pris l'habitude de dire à la femme : « Il faut obéir à ton mari, si tu n'as pas de mari, à ton père, si tu n'as pas de père, à ton frère, etc. » Les femmes ne doivent pas s'habiller de telle ou telle façon. Ceux qui disent cela se réfèrent à certains versets coraniques qui n'accordent pas les mêmes droits à la femme qu'à l'homme, ou à d'autres versets qu'ils interprètent à leur façon. J'espère que des dispositions seront prises dans les pays musulmans pour que la femme ne soit plus dévalorisée et méprisée au nom de l'islam. Il faut qu'elle soit, sur le plan des droits, l'égale de l'homme. Ceux qui la maltraitent oublient ainsi que Dieu n'aime ni l'injustice ni l'humiliation. Ce sont des gens qui ont certainement appris le Coran par cœur, mais qui n'en retiennent que les versets dont le sens littéral les arrange. Or le Coran permet beaucoup d'autres interprétations. Ce qu'on appelle l'« intégrisme » fait du mal à l'islam et aux vrais musulmans.

– Ils le font exprès, ou bien ils ne sont pas cultivés ?

– Les pires, ce sont les gens semi-cultivés.

– C'est quoi « semi-cultivés » ?

– Ce sont des gens qui savent lire mais ne comprennent pas ce qu'ils lisent ; ils se croient des savants alors qu'ils sont des ignorants. Ce sont des gens dangereux.

– Le mot **fondamentaliste**.

– C'est comme le mot « intégriste », il veut dire : revenir aux principes fondamentaux de l'islam, comme si le monde n'avait pas évolué.

– Le mot **djihad**.

– Il signifie « effort ». Les musulmans l'ont d'abord compris comme « effort sur soi-même », « résistance contre les tentations, contre l'attraction du mal ». Ensuite, il fut utilisé comme appel au combat lorsque le prophète était menacé et persécuté par les habitants de La Mecque qui ne croyaient pas à son message. Après la mort du prophète, l'expansion de l'islam s'est faite dans le combat. Au XIᵉ siècle, lorsque les chrétiens décidèrent de partir en guerre contre les musulmans, c'est-à-dire en « croisade », les musulmans ont décrété le djihad, le combat contre les agresseurs pour se défendre. Aujourd'hui, ce mot n'a plus de sens, puisque l'islam ne cesse de se répandre pacifiquement et que personne ne le menace vraiment. Donc, ceux qui utilisent aujourd'hui ce mot font un contresens. Ils cherchent à faire peur aux autres.

– Le mot **fatwa**.

– Ce mot est dérivé du verbe *fata* qui signifie « dicter ». Ici, fatwa veut dire un avis d'ordre religieux, mais ce n'est pas une loi. Il est dit par quelqu'un qui connaît bien le Coran : un spécialiste, un professeur de religion. Mais quand on lance une fatwa, comme par exemple l'ordre d'aller tuer un musulman qui a écrit ou dit des choses qu'on juge inadmissibles, c'est un abus. L'islam ne fait pas de la fatwa une loi ou un décret qui doit s'appliquer.

– **Chari'a**.

– C'est une ligne de conduite, une morale tracée par les anciens hommes de religion. Elle se base sur le Coran et sur les paroles du prophète. Pour certains, c'est plus qu'une morale, c'est un cadre juridique, c'est-à-dire un ensemble de lois que les musulmans doivent appliquer dans leur vie quotidienne. Mais la chari'a n'est pas obligatoire. Tous les pays musulmans ne l'appliquent pas. Pour la plupart d'entre eux, c'est un retour en arrière incompatible avec le droit et la vie moderne.

– Le mot **tolérance**.

– Le verbe « tolérer » signifie « supporter », « accepter ». Cela veut dire concrètement : « Je ne suis pas comme toi, je ne suis pas de ta religion, je ne suis pas de ton pays, je ne suis pas d'accord avec tes idées, et pourtant j'accepte que tu existes à côté de moi, que tu pratiques ta religion, parles ta langue et penses ce que tu veux. Mais, en échange, tu dois aussi accepter ce que je suis. » La tolérance n'a de sens que si elle est réciproque. L'intolérance, c'est le fait de ne pas accepter et même de rejeter ceux qui sont différents de soi. Elle alimente le racisme.

– Faut-il tout tolérer ?

– Non, justement, on ne doit pas accepter le racisme, l'humiliation.

– Que veut dire **humiliation** ?

– Humilier quelqu'un, c'est lui faire honte, c'est le priver de sa qualité d'être humain, c'est-à-dire de sa dignité, de sa fierté. C'est le blesser dans ce qu'il est, lui faire mal et lui faire subir des injustices.

– Est-ce que l'islam est une religion tolérante ?

– Au départ, aucune religion n'est tolérante. Toute religion cherche à convaincre les gens qu'elle est unique et qu'elle est seule à avoir raison. Mais quand on lit les textes des livres sacrés comme le Coran, on apprend que l'islam n'est pas venu pour faire la guerre aux juifs et aux chrétiens. Donc l'islam qui reconnaît les autres religions et leurs prophètes se veut tolérant. Je cite trois versets qui prouvent que l'islam s'inscrit dans la tolérance. Sourate II, verset 256 : « Point de contrainte en religion », c'est-à-dire qu'on ne doit pas obliger les gens à se convertir à l'islam ni obliger ceux qui sont déjà musulmans à se comporter selon des règles établies par la force d'un chef. Sourate CIX, verset 6 : « À vous votre religion, à moi la mienne », c'est clair, les croyances religieuses, comme les goûts et les couleurs ne se discutent pas et se doivent un respect réciproque. Sourate XXVIII, verset 56 : « Ce n'est pas toi qui guideras qui tu veux ; c'est Dieu qui guide qui Il veut », le texte est clair, l'islam n'oblige personne à croire en son message, chacun a le droit d'avoir ses croyances et de se voir respecté, comme il doit respecter les croyances des autres ; enfin aucun homme n'a le droit de se substituer à Dieu pour donner des ordres aux croyants ; autrement dit, ceux qui se proclament des chefs religieux islamistes sont dans l'erreur. Il n'y a pas en islam de clergé, c'est-à-dire d'intermédiaires entre Dieu et l'homme, il n'y a pas de prêtre ou de rabbin comme dans les autres religions. Il n'y a pas de pape, c'est-à-dire de chef suprême qui serait le représentant de Dieu sur terre. Il y a des imams, c'est-à-dire des personnes qualifiées qui président la prière et font des prêches le vendredi dans la mosquée. L'imam a une autorité morale mais ne joue pas le même rôle qu'un prêtre ou un rabbin. Mais comme les autres religions, l'islam a ses fanatiques, c'est-à-dire des gens qui ne supportent pas ceux qui ne pensent pas et ne croient pas comme eux. C'est une minorité. Hélas, elle est active et malfaisante ! Elle fait du mal aux musulmans et ensuite à ceux qui ne le sont pas. Les fanatiques agissent au nom de l'islam, mais souvent ce sont des gens soit analphabètes qui n'ont pas étudié les textes, soit des gens intelligents qui utilisent l'islam pour répandre leur propagande politique, c'est-à-dire leurs intérêts. Ce sont les fameux « semi-cultivés ». Comme a dit un poète tunisien, « l'islam a ses maladies ». Nous sommes en train d'en subir les effets. C'est ce qui nous ramène au début de cet entretien : les attentats contre les Américains qui ont eu lieu le 11 septembre 2001.

– Pourquoi ont-ils fait ça ?

– Parce qu'ils pensent que les Américains sont responsables du malheur de certaines populations arabes et musulmanes. Parce qu'ils ont été égarés par des chefs qui se prennent pour des justiciers. Parce qu'ils sont dans l'erreur et refusent de le reconnaître. Parce qu'ils ont été « travaillés » par ces mêmes chefs qui ont réussi à supprimer chez eux le doute et la pensée. Parce qu'on leur a dit que Dieu aime les martyrs et qu'il les récompense en les envoyant au paradis. Parce qu'ils n'ont pas reçu une éducation de tolérance en vue de respecter les idées et les cultures des autres. L'islam n'a jamais enseigné la haine, le crime et le suicide ; il les punit même très sévèrement.

– Que veut dire **martyr** ?

– C'est celui qui trouve la mort « sur la voie de Dieu ». Le martyr est le musulman qui meurt au nom de la foi dans le combat pour défendre l'islam quand il est attaqué, pour se défendre s'il est combattu en tant que musulman, ou pour libérer son pays d'une occupation étrangère. Deux mots arabes pour désigner un martyr : *fidâî* (celui qui offre sa vie) et *shahid* (celui qui témoigne). Dieu promet le paradis au martyr.

– **Talibans**.

– Le verbe arabe *talaba* veut dire « demander » ; un *tâleb* est celui qui réclame le savoir, l'enseignement. Le mot « talibans » désigne non pas des étudiants mais un mouvement qui se dit religieux. Il est né en Afghanistan et se caractérise par sa haine de la femme et de l'art. Ainsi, les talibans terrorisent les femmes, leur interdisent d'aller à l'école, de travailler dans une administration publique, de faire du sport, d'écouter de la musique, quand elles tombent malades elles ne sont pas soignées, ils tuent celles qu'ils jugent « immorales » en leur jetant des pierres, et enterrent vivantes les coupables de trahison conjugale… Ils ont des pratiques d'un autre temps : par exemple, le fait de couper la main aux voleurs ou d'exécuter dans un stade une personne condamnée à mort sans passer par un tribunal. Ils connaissent quelques versets du Coran, mais la plupart ne savent ni lire ni écrire. Et tout cela, ils le font au nom de l'islam !

— Ils sont fous !

— Oui, ils sont fous et dangereux, ignorants et barbares. Ils ne connaissent pas l'islam et sa civilisation. Si on les laisse faire, ils ruineront définitivement cette culture.

— C'est vrai que la peinture est interdite par l'islam ?

— Non, c'est faux. Ce qui est interdit, c'est de représenter Dieu ou le prophète Mohammed. On ne peut pas dessiner leur visage. Dieu est un esprit. Comment le représenter ? Quant à Mohammed, c'est son esprit qui est essentiel. On ne peut pas le visualiser. Mais on peut dessiner n'importe qui et n'importe quoi. En Perse, il y a une très belle tradition de peinture et de dessin, des enluminures qui ornent des manuscrits anciens.

— À présent, on comprend ! Il y a l'islam et puis il y a les musulmans. Certains ont compris le message du prophète, d'autres l'ont mal compris ou ont fait semblant de l'avoir compris et veulent revenir en arrière. Mais, dis-moi, est-ce qu'on ne peut pas changer des choses dans l'islam ?

— Nous vivons dans une époque moderne,

donc tu veux que l'islam soit adapté à cette vie moderne. Tu as raison. Ceux qui ont essayé de changer des choses dans le sens positif – par exemple améliorer la condition de la femme – ont rencontré beaucoup de difficultés. En islam, comme dans les autres religions, il y a des choses éternelles et d'autres passagères, c'est-à-dire valables pour une époque et pas pour toutes les époques. Le problème, c'est que certains disent que tout est éternel et rien ne doit bouger ; les autres disent qu'on peut adapter cette religion à l'époque où nous vivons. On n'arrive pas à introduire la liberté dans certains pays musulmans, comment veux-tu toucher à la religion ? Comme je te l'ai dit l'autre jour, le plus important, le plus urgent est de séparer la religion de la politique. Tant que ceux qui gouvernent s'appuieront sur la religion, nous aurons des problèmes et des maladies, comme le fanatisme et ce qui s'ensuit, c'est-à-dire le terrorisme et l'ignorance.

– C'est quoi ?

– Comme les autres religions, l'islam n'est pas très favorable à ce que la femme soit l'égale de l'homme, même s'il lui garantit certains droits. Aujourd'hui, les sociétés musulmanes sentent le besoin d'évoluer. On oublie que Khadija, la première épouse du prophète, était une femme d'affaires, une commerçante faisant un travail d'homme. On peut se référer à son statut, à son rôle pour réformer la condition de la femme aujourd'hui. L'islam n'interdit pas les lois qui donneraient leurs droits aux femmes, mais les hommes ont peur d'établir une égalité de droits entre les femmes et eux. Seule la Tunisie a changé ses lois pour que la femme puisse mieux se défendre. En Arabie Saoudite, la femme n'a même pas le droit de conduire une automobile. Quant aux femmes afghanes, elles ont subi la loi la plus barbare, celle des talibans. Mais les talibans sont des gens qui n'ont rien compris à l'islam et qui l'ont défiguré, au point que toute la communauté musulmane en a souffert et continue d'en souffrir. Ils ont démoli des statues bouddhistes datant de plusieurs siècles et appartenant au patrimoine de la civilisation universelle.

– Que faire alors ?

– Lutter contre l'ignorance. C'est elle qui rend fanatique et intolérant. Il n'y a pas plus dangereux que celui qui ne sait rien et croit tout savoir. Heureusement que des femmes musulmanes s'organisent en associations pour réclamer leurs droits. Il y a beaucoup à faire pour arriver à une situation de justice.

– Comment lutter ?

– Il faut commencer par l'école. Il faut que les filles aillent en classe jusqu'au bout, refuser par exemple qu'elles soient retirées de l'école dès qu'elles atteignent l'âge de la puberté. Il faut par ailleurs que les pays arabes et musulmans revoient les manuels scolaires et les réécrivent en pensant à la tolérance, au respect des droits de l'homme et de la femme, en donnant des exemples de grands savants musulmans qui ont fait avancer la civilisation universelle, en supprimant de ces livres les exemples qui favorisent la fermeture d'esprit ou qui font croire à l'enfant qu'il est normal que l'homme frappe la femme, ou que la femme doive rester à la maison pendant que l'homme travaille, etc. Il faut que l'islam soit enseigné au même titre que les autres religions, et dire la vérité sur son expansion qui ne s'est pas faite sans guerres. Dire aussi que les temps changent et qu'on ne vit pas comme on vivait du temps du prophète. Autrement dit, tout en respectant le message de Mohammed, tout en croyant en Dieu, l'homme a le droit d'évoluer, c'est-à-dire de s'adapter à la vie moderne sans renoncer à ses croyances et à ses valeurs fondamentales. Il faut donner à l'élève tous les moyens pour qu'il se fasse sa propre opinion. C'est très important de donner la liberté à l'enfant pour qu'il ne soit pas influencé par telle ou telle religion. Autrement dit, il s'agit là d'un travail immense, mais il faut bien commencer. C'est ce que nous venons de faire. Avant de terminer cette conversation, je vous donne une liste de mots et vous me direz ce qu'ils ont de commun :

Par ordre alphabétique :

abricot, alcool, algèbre, algorithme, almanach,
amalgame, ambre, amiral, amulette, artichaut,
aval, avarie, azimut, azuré
baldaquin, banane, baroque, benjoin, benzine,
bergamote, blouse
cabas, câble, café, calibre, camélia, camelot,
camphre, carafe, caravelle, carrousel, chèque,
chiffre, chimie, civette, coupole, cramoisi
dame, divan, douane, drogue
échecs, éden, émeraude, épinard, estragon
fanfare, felouque, fondouk
gala, gaze, gazette, girafe, guitare
hasard, haschisch
jaquette, jasmin, jupon
laque, lilas, limonade, luth
magasin, matelas, mesquin, mohair, momie,
mousseline, mousson, mulâtre
orange, ouate
raquette, risque, riz, roque
saccharine, safari, safran, santal, saphir, satin,
sofa, sorbet, soude, sucre
tabouret, taffetas, talc, talisman, tare, tarif,
troubadour
x
zénith

– On ne comprend pas tous ces mots ; donc, on ne sait pas ce qu'ils ont en commun.

– Ils sont tous, et d'autres que je n'ai pas cités, d'origine arabe. Aujourd'hui, ils sont utilisés dans des langues latines et autres, et personne ne soupçonne leur origine.

– Le « x » aussi est arabe ?

– Curieusement, cette lettre n'existe pas dans l'alphabet arabe, mais les mathématiciens arabes appelaient une inconnue *chaï* (chose), en abrégé, *ch*. Or en vieil espagnol, le signe « x » correspond au son « ch ».

– Tu en sais des choses !

– Non, tous ces mots, je les ai trouvés dans le dictionnaire. Pour finir ce dialogue, je vous cite deux paroles du prophète Mohammed (ces paroles sont appelées *hadits*) : « Du berceau jusqu'à la tombe, mets-toi en quête du savoir, car qui aspire au savoir adore Dieu » ; « L'étude de la science a la valeur du jeûne, l'enseignement de la science celle d'une prière ». Ainsi, l'acquisition du savoir est considérée par le prophète comme étant aussi importante que les deux piliers de l'islam : le jeûne du Ramadan et la prière quotidienne.

Annexes

Voici les textes de conférences et de quelques articles publiés par Tahar Ben Jelloun dans différents quotidiens européens ces dix dernières années.

Burqa
(*La Repubblica*, 10 septembre 2009)

Qu'est-ce qu'une burqa ? C'est une sorte de robe, souvent noire, qui couvre la femme de haut en bas, trouée uniquement au niveau des yeux. C'est ainsi que des femmes afghanes s'habillent pour sortir. Cette pratique n'a rien à voir avec l'islam, mais correspond à une tradition de certaines régions de ce pays. Des intégristes maghrébins ont poussé le mimétisme jusqu'à obliger leurs épouses, leurs sœurs ou leurs filles à adopter ce genre vestimentaire, ce qui ne correspond absolument pas aux coutumes du Maghreb. Ainsi, de plus en plus, on voit au Maroc et en Algérie des femmes vêtues intégralement de noir (les bras et les mains portent des gants de cette même couleur), circuler comme des fantômes.

Aujourd'hui, ce phénomène est arrivé en France. Même s'il reste marginal et très minoritaire, il choque les gens qui ne sont pas habitués à se trouver aux côtés d'une femme dont on ne discerne pas le visage. On a beau répéter que l'islam n'a jamais dit qu'il fallait couvrir la femme de cette manière, ce phénomène contribue à stigmatiser cette religion qui est considérée, à tort, comme responsable.

Faut-il pour autant créer une commission et aller jusqu'à la faire statuer par un décret ou une loi ? Tout ceci est exagéré. Il existe déjà une loi interdisant le port du voile à l'école, dans les administrations et dans les hôpitaux. Dans son discours du 4 juin 2009, Nicolas Sarkozy a déclaré à son tour, à l'instar de Barack Obama, que « toute jeune fille qui veut porter le voile peut le faire ». Pour respecter le texte de loi, il aurait fallu qu'il précise « dans sa vie privée ».

Nous voyons tous les jours des publicités où le corps de la femme est utilisé outrageusement pour vendre une voiture, un shampoing ou un chocolat. Cela ne choque plus personne. Voir dans la rue une femme habillée en burqa est du même registre. Nous n'avons rien à dire. Tout le monde est libre de se vêtir comme il le souhaite, même si on sait que derrière cette manière de s'habiller résident une idéologie et un positionnement agressif vis-à-vis de l'Occident où ces familles ont immigré. Le spectacle est choquant ; mais tant qu'il reste très minoritaire, il ne mérite pas qu'on légifère de nouveau sur cette question. Il y a bien des jeunes femmes punks, d'autres « gothiques », d'autres portant des piercings partout et qui sont tatouées à outrance. Une commission parlementaire n'a pas été créée pour essayer d'interdire ces pratiques.

Il faut commencer par distinguer entre ce qui est religieux et ce qui est de l'ordre des traditions. La burqa n'est pas une obligation religieuse. Elle révèle combien l'homme a peur de la femme ; il fait tout pour la couvrir, pour qu'elle ne soit vue que par lui et lui seul. C'est une question qui relève davantage de la psychanalyse et de la psychiatrie que de la foi. La peur de la sexualité féminine est au centre de l'intégrisme religieux. Il en est de même pour tous les intégrismes qu'ils soient musulman ou juif. Dans les textes sacrés, il pèse sur la femme beaucoup de soupçons. Mais dans l'islam, Dieu s'adresse aux croyants et aux croyantes sur le même plan. Il incite l'être à assumer sa liberté et sa responsabilité. Le Coran a humanisé le statut de la femme, lui accordant des droits juridiques qu'elle n'avait pas avant l'arrivée de l'islam ; il lui a reconnu devant Dieu, en tant que croyante, une dignité égale à celle des hommes (sourate XXXV, verset 33). Cependant, ceux qui font une lecture littérale du texte l'interprètent de manière caricaturale.

Le Coran parle du voile (*hijab*), à la suite d'une plainte de femmes importunées le soir quand elles sortaient pour les besoins de la maison. Des hommes les prenaient pour des femmes de peu de vertu, les confondant avec des professionnelles du sexe. Un verset a alors conseillé aux femmes de porter un châle couvrant leur chevelure pour les protéger (sourate XXXIII, verset 59).

De là à ce que les maris couvrent leur femme des pieds à la tête, il n'y a qu'un pas que des intégristes de par le monde ont allègrement franchi. La burqa n'est qu'une caricature d'une interprétation excessive du texte religieux et trahit l'immense peur du mâle face à la femme dont il ne supporte l'existence que privée de toute liberté. Loin de l'islam, on est plutôt en pleine pathologie sexiste.

La Porsche et le fantôme
(*Le Monde*, 27-28 septembre 2009)

Le choc des civilisations se remarque parfois dans des situations ridicules, des comportements stupides provoqués par l'arrogance et l'ignorance. Ainsi, alors que je me trouvais dans le sud du Maroc, j'ai assisté à une scène étrange.

Une voiture décapotable est arrivée à toute vitesse sur une route étroite, une piste pleine de trous. Une voiture de sport, peut-être une Porsche. Une voiture qui coûte cher : le prix d'une prairie, le prix d'une vie de travail à l'étranger ou le salaire d'un prince. La voiture s'est arrêtée à mon niveau. Elle était conduite par un jeune homme : tête rasée à la mode, lunettes noires, cigarette aux lèvres et téléphone portable dans une main. Le jeune homme était fier de sa machine. Il montrait le pays à une femme assise à ses côtés, enveloppée entièrement d'un voile noir, mains gantées de noir, lunettes noires posées sur la fente de son voile au niveau des yeux. Un fantôme, une chose qui bouge à peine mais ne parle pas. Cela m'a rappelé les dernières pages des *Voix de Marrakech* d'Elias Canetti (Albin Michel, 1996) où il parle d'une chose noire qui se meut à peine mais dont on ne voit ni le corps ni aucun membre. Quelqu'un était là, peut-être.

Le jeune homme sortit de la Porsche, alluma une cigarette et dit en français : « C'est beau, mon pays ! » La femme séquestrée dans ce linceul noir hocha la tête. Elle ne prononça aucun mot. Sans que je lui eus parlé, il me dit : « Je me suis marié et je repars avec elle ; mais problème papiers : ils veulent photo identité visage découvert. Ils sont fous, enfin Allah est grand ! » Il passa plusieurs fois la main sur l'aile de la voiture comme s'il caressait la jambe d'une jeune fille nue. À son accent, je constatai qu'il était du Rif. Il conduisait un engin comme s'il était prêt à s'embarquer pour la lune et traitait sa femme ou celle supposée être sa femme comme une esclave, une chose, un paquet enveloppé dans un service funéraire. Il téléphonait avec son portable et parlait en néerlandais. Il venait de Rotterdam, car la voiture y était immatriculée. La chose le suivra-t-elle dans son pays d'immigration ou bien chargera-t-il ses parents de lui livrer le paquet par la poste ?

En repartant, il s'arrangea pour nous envoyer un nuage de poussière. La chose noire n'était plus visible.

Je n'ai pas eu envie de lui parler. Cela n'aurait servi à rien. Il devait avoir peur des femmes. C'est un problème d'ordre intime qui relève de la psychiatrie. Il avait peur qu'on lui prenne sa femme, qu'on la viole avec le regard, qu'on la désire en rêve. Qu'il la garde alors en attendant que la pauvre se réveille un jour et prenne sa revanche ! C'est déjà arrivé.

Cet individu illustre à lui tout seul toutes les contradictions d'une mentalité de l'âge de pierre avec un pied dans le XXIᵉ siècle. Il utilisait les moyens techniques les plus sophistiqués et en même temps traitait sa femme comme du bétail.

Ce genre de situation a été dénoncé de manière courageuse et forte par une femme arabe, une psychologue vivant à Los Angeles qui a débattu, il y a quelques mois, avec un théologien égyptien sur la chaîne Al-Jazeera. J'ai retranscris ce qu'elle a dit et vous en cite quelques passages : « Ce à quoi nous assistons aujourd'hui, ce n'est pas un choc des civilisations, mais une opposition entre des mentalités du Moyen Âge et des mentalités du XXIᵉ siècle ; entre la civilisation et l'arriération, entre la barbarie et la rationalité, entre la démocratie et la dictature, entre la liberté et la répression ; c'est un choc entre les droits de l'homme d'une part et la violation de ces droits de l'autre. C'est un choc entre ceux qui traitent les femmes comme des bêtes et ceux qui les traitent comme des êtres humains… »

Cette femme au visage évidemment découvert, parlait calmement, martelait ses mots et disait ses vérités à un monde où règnent l'hypocrisie et l'obscurantisme. Quand elle dit haut et fort qu'elle était laïque et que la foi était d'ordre privé, son interlocuteur hurla, affolé : « Tu es athée, athée, ennemie de l'islam ! »

Qu'on le veuille ou non, deux mondes s'opposent aujourd'hui : celui de la liberté et celui de la barbarie, cette barbarie qui a fait démolir des statues bouddhistes en Afghanistan et interdit aux femmes d'aller à l'école ou d'enseigner, de se faire soigner par un médecin homme, de rire de manière audible, d'écouter de la musique, de se maquiller (des femmes ont eu les doigts tranchés parce qu'elles ont mis du vernis sur leurs ongles), etc. La barbarie qui envoie des jeunes gens se faire exploser dans des lieux publics, celle qui menace la paix du monde en se réclamant d'un islam qui n'a rien à voir avec cette brutalité et cette folie. Comme a dit la femme courageuse : « Les musulmans doivent se demander ce qu'ils peuvent faire pour l'humanité avant d'exiger que l'humanité les respecte ! »

On a beau dire et répéter que l'Afghanistan et ses talibans ne représentent pas l'islam, que ce qu'ils font est en totale contradiction avec l'esprit et la lettre du Coran, c'est au nom de cette religion qu'ils agissent et parviennent à séduire une partie de la jeunesse d'origine musulmane, qu'elle soit en Europe ou dans les pays du Maghreb.

Le jeune immigré à la Porsche noire avec la femme en noir a disparu en étant convaincu qu'il était un bon musulman, un homme de son temps, et probablement un mari qui ne sera jamais cocu !

Foulard et Nobel
(*Lavanguardia*, 24 octobre 2003)

Il était une fois une famille Levy : le père, juif, avocat, athée et militant antiraciste, la mère kabyle de confession catholique, une grand-mère ayant vécu dans la tradition conservatrice et paisible de la religion juive, puis deux jeunes filles, Alma et Lila, converties à l'islam sans que personne ne les y contraigne, et qui en sont fières au point de le manifester publiquement en portant le voile au lycée.

Les deux filles viennent d'être exclues définitivement du lycée. Le père fait appel. La polémique est partout dans la presse. La France a été secouée par cette affaire. Voici un cas étonnant. Deux filles, élevées dans les principes de la laïcité et dans des valeurs humanistes modernes, métamorphosées par le port du foulard. Rien ne les prédisposait à embrasser l'islam et à le pratiquer de manière aussi rigoriste.

Il faut dire que le foulard ou le voile ne sont pas de simples morceaux de tissu pour se couvrir la tête et surtout les cheveux. Ce sont des signes politiques, des symboles idéologiques. Même si les deux jeunes filles n'en sont pas conscientes, elles sont perçues comme des citoyennes françaises voulant affirmer une appartenance religieuse dans un espace public et laïque. C'est là où le problème surgit : la France s'est battue pendant des décennies pour la séparation de l'Église et de l'État. La date du 5 décembre 1905 est historique. C'est une victoire de l'individu en tant qu'entité unique et reconnue, le triomphe de la démocratie et de la liberté de penser et de croire. La croyance religieuse doit rester une affaire privée et intime. Elle n'a pas à se manifester en public avec bruit et fureur.

L'émergence aujourd'hui de signes ostentatoires, comme le port du foulard dans un lieu public, voudrait remettre en question cet acquis fondamental de la République. L'islam évoque le port du voile par la femme quand elle prie.

C'est une question de décence et de respect de la relation entre l'être et Dieu. La première femme du prophète Mohamed, Khadija qui dirigeait un commerce de caravanes, n'était pas voilée. Ce qui est demandé à la femme musulmane c'est de ne pas provoquer les instincts de l'homme en s'habillant d'une manière où le corps est trop mis en valeur, mise en garde qu'on retrouve aussi bien chez les juifs que chez les catholiques.

À la mairie de Paris, une assistante sociale s'est voilée et a refusé de serrer la main aux hommes. Le maire a dû la suspendre de son travail. La religion comprise de cette manière si plate et simpliste, devient dénaturée.

L'État français sera peut-être obligé de légiférer en ce domaine en proposant à l'Assemblée nationale de voter une loi interdisant tout signe religieux dans les lieux publics (école, administration, hôpitaux, etc.)*. Il donnera ainsi aux musulmans une occasion de prouver que l'islam est possible dans une société démocratique et moderne.

Ce phénomène touche toute l'Europe. Il est inadmissible que la laïcité soit remise en question par les nouveaux citoyens de cette Europe qui se veut métissée, multiculturelle, ouverte sur le monde et surtout ni fanatisée ni prise en otage par l'intégrisme religieux.

Deux bonnes nouvelles redonnent espoir : l'attribution du prix Nobel de la Paix en 2003 à

* Une loi a été votée par l'Assemblée nationale en 2004 qui restreint le port des signes religieux dans les écoles publiques *(N.d.É)*.

Chirine Ebadi, une avocate iranienne pratiquant un islam sans ostentation. Félicitations à l'Académie pour avoir distingué cette militante pour les droits de l'homme et de la femme. Des intégristes l'ont déjà menacée de «lui couper la langue». La barbarie décidément ne recule devant rien.

La deuxième bonne nouvelle nous vient du Maroc. Le roi Mohamed VI a annoncé officiellement une série de changements : l'épouse ne devra plus obéissance au mari ; la famille sera placée sous la responsabilité conjointe des deux époux ; l'âge de mariage pour la fille passera de 15 ans à 18 ans ; la répudiation et la polygamie seront encadrées de telle sorte qu'en pratique elles devraient disparaître ; le divorce sera judiciaire et ne sera plus prononcé selon l'arbitraire du mari.

La société marocaine va enfin se débarrasser de son vieux code du statut personnel qui faisait de la femme un être inférieur, devant demander l'autorisation de son père ou de son frère pour se marier. Le Maroc rejoint le système tunisien, le plus avancé de tout le monde arabe, et laisse derrière lui l'algérien, le code le plus rétrograde de la région.

Il y aura des résistances dans la société traditionnelle et religieuse. Mais c'est une avancée importante dans le processus de démocratisation en cours au Maroc. Il restera à revoir la question de l'héritage où l'islam est appliqué : une femme a droit à une part alors que son frère a droit à deux parts. Ceci était valable du temps où les femmes ne travaillaient pas ; aujourd'hui c'est anachronique. Mais pour réformer cette coutume, il faudra du temps et beaucoup d'audace et de courage.

Car dès qu'il s'agit d'argent, les gens changent et certains perdent l'esprit et la raison.

L'évolution, ce sont les femmes qui l'assurent. Tout ce qui change et changera dans le monde arabe et musulman, on le devra aux femmes. Ainsi la femme est vraiment l'avenir de l'homme, l'avenir de l'islam.

Justice à la saoudienne
(*Repubblica*, 5 décembre 2007)

Le 20 octobre 2007, le quotidien français sur Internet « rue 89.com » m'apprend une curieuse nouvelle. Je lis le titre de l'article : « Arabie Saoudite : 200 coups de fouet pour une femme violée. » Je me dis : « Ce n'est pas assez, mais il y a un progrès. Le violeur devrait recevoir plus que des coups de fouet, il devrait aller moisir quelques années en prison. » Je poursuis ma lecture. J'apprends que c'est la victime, la femme violée, qui a reçu 200 coups de fouet. Elle avait été condamnée dans un premier temps à (seulement) 90 coups. Mais en accord avec son avocat elle a fait appel de la sentence. Comment ? Critiquer une décision de justice ? Élever la voix pour rappeler que la victime a besoin de réparation ? Mais c'est insensé. Cette femme qui a osé remettre en cause le verdict sera doublement punie. On multiplie par deux la sentence et on ajoute une vingtaine de coups là où ça fait mal sans laisser de trace. Cela lui apprendra à se faire violer et donnera à réfléchir aux autres femmes !

Ainsi fonctionne la justice en Arabie Saoudite. Le ou plus précisément les violeurs ? Ils étaient au nombre de six et ont été condamnés à des peines de prison allant de 2 à 9 ans. Quant à l'avocat de la femme, Abdarahmane al Lahem – un homme connu pour son combat en faveur du respect des droits de l'homme dans son pays –, il va lui aussi subir les foudres de cette justice. Il a affirmé à l'AFP que le tribunal de la petite ville d'Al Qatif lui a retiré sa licence et qu'il ne peut plus exercer son métier.

Curieuse façon de rendre justice. Si je comprends bien : la femme a été punie parce que, si elle a été violée par un gang de six hommes, c'est qu'elle l'avait bien cherché. Autrement dit, elle aurait provoqué ces « braves individus » ; sinon, elle n'aurait pas subi cet outrage traumatisant. Cette logique, on la connaît, elle a cours aussi en Europe. Que de fois on a entendu des gens dire « cette femme, telle qu'elle est vêtue, a provoqué cet homme qui n'a pas pu retenir ses bas instincts ! ».

Dans l'affaire saoudienne, on apprend que la femme appartient à la minorité chiite et que les violeurs sont des sunnites. D'où la clémence du jugement et surtout la punition de la victime.

L'Arabie Saoudite est une puissance dans le Golfe. Par son pétrole, par son statut de gardienne des lieux saints de l'islam, par sa relation privilégiée avec l'Amérique, elle joue un rôle important dans la région et même dans le monde. Cependant, malgré ses milliards de dollars et son armée sophistiquée, son système juridique et social reste archaïque et ses pratiques reproduisent les vieux schémas datant d'une époque où le pétrole dormait encore sous les sables.

Dans un pays où la femme est obligatoirement voilée, où elle n'a pas le droit de conduire une voiture ni de participer à l'évolution de la société, la modernité est pratiquement empêchée de se réaliser. La modernité définie comme émergence de l'individu en tant qu'entité unique et singulière est une valeur refoulée parce qu'elle est considérée comme une émanation occidentale, alors qu'elle est universelle et que les Arabes l'ont célébrée entre le IXᵉ et le XIIᵉ siècles, époque des Lumières du monde arabo-islamique.

L'histoire de la femme violée s'inscrit dans une conception particulièrement primitive des relations homme-femme. Alors que le prophète Mahomet, dont la première épouse était une femme d'affaires plus âgée que lui, a donné l'exemple tout au long de sa vie en considérant et en respectant la femme, certains musulmans d'aujourd'hui font du zèle en voulant enfermer la femme dans un statut inférieur et surtout en l'écartant de la vie. À l'origine de ce comportement il y a la peur, peur que la femme n'échappe au mari, peur qu'elle n'exprime son désir de liberté et d'émancipation.

L'Arabie Saoudite prise au piège du fondamentalisme
(*La Repubblica*, 31 mai 2004)

Gardienne des lieux saints de l'islam, productrice de pétrole, l'Arabie Saoudite doit lutter aujourd'hui contre le terrorisme qui l'a frappée durement plusieurs fois. Elle n'était pas préparée à affronter un jour cette forme de guerre aveugle. Elle pensait être à l'abri de ce fléau, être de manière définitive et incontestable « *Dâr al-Islâm* » (la maison ou le territoire de l'islam) par opposition à « *Dâr al-Harb* » (le pays de la guerre). Elle vivait, repliée sur elle-même, cultivant ses traditions et ses coutumes, fermant son cœur et ses portes à la modernité – celle qui assure la démocratie, la reconnaissance de l'individu, celle de l'État de droit. Cela ne l'empêchait pas de se faire équiper de la technique la plus sophistiquée notamment pour sa sécurité. Sa richesse matérielle, son rôle de protectrice de l'islam, ses relations importantes avec les États-Unis ne l'ont pas sauvée du terrorisme, mais l'ont, au contraire, désignée comme cible symbolique. Les terroristes lui contestent son hégémonie sur les lieux de l'islam et considèrent que ses gouvernants actuels sont des mécréants.

Le pire est qu'elle n'est pas et ne pourra pas être en mesure de lutter efficacement contre ce fléau qui menace une partie du monde. Ses structures politiques et son organisation gouvernementale n'ont simplement pas les moyens de résister à cette menace. Les dirigeants saoudiens ne sont pas prêts psychologiquement à affronter ces tentatives de déstabilisation. Et cela pour plusieurs raisons :

1. L'Arabie Saoudite est un pays qui appartient à une famille : les Séoud. L'État en porte le nom. Y a-t-il un État dans le sens moderne du terme ? Non. Les dirigeants saoudiens ont leurs méthodes de travail et leurs manières de faire de la politique qui n'ont rien à voir avec le système connu dans le monde occidental et même dans la plupart des pays arabes. Ce qui tient lieu d'État est en fait un

conseil de famille. Le pouvoir se transmet de père en fils ou à défaut de frère en frère.

2. Par ailleurs, les Saoudiens peuvent être tenus pour responsables de ce qui leur arrive. Ils ont défendu et répandu l'idéologie wahabbiste, une conception rigoureuse de l'islam qu'un théologien du XVIIIe siècle, Mohammed ibn Abd el-Wahhâb, a instaurée comme étant la ligne à suivre pour toute la nation musulmane. Ab el-Wahhâb est le père du fondamentalisme islamique qui prône l'application de la chari'a pour régler les problèmes relevant du judiciaire et qui donne les règles à suivre dans la vie morale et religieuse du musulman (couper la main du voleur, lapider la femme adultère, pratique légale de la polygamie et de la répudiation, etc.).

La condition de la femme en Arabie Saoudite est ainsi la plus rétrograde du monde musulman. La femme n'a même pas le droit de conduire une voiture.

Durant des années, des Saoudiens n'appartenant pas au sérail politique ont financé des associations wahabbites dont le but était de propager l'idéologie fondamentaliste dans des pays comme l'Algérie, l'Égypte, le Soudan, le Yémen, etc. Les premiers incidents liés à l'intégrisme musulman ont eu lieu en Algérie dans les années 1980 : des individus ont détruit des marabouts (tombeaux des saints). Le wahabbisme interdit en effet la célébration des saints considérant que toute la sainteté est symbolisée par le prophète Mahomet.

Le gouvernement saoudien a dans le même temps construit et financé des universités wahabbites à Djeddah et à Nouakchott en Mauritanie. C'est là qu'ont été formés des théologiens chargés

par la suite de prêcher les idées du fondamentalisme dans les pays du Maghreb et du Moyen-
Orient.

3. La famille régnante, tout en activant ces
mouvements un peu partout dans le monde arabe,
entretient de bonnes relations avec l'Occident en
particulier avec les États-Unis où elle place son
argent et où elle achète son arsenal militaire. Par
ailleurs, la famille Ben Laden, qui compte de
grands constructeurs d'infrastructures, a fait des
affaires très intéressantes avec les Bush père et fils.
Le terrorisme qui vise aujourd'hui l'Arabie Saoudite ressemble à un règlement de comptes entre
membres d'une même grande famille. Oussama
Ben Laden, ancien collaborateur de la famille
Bush, fait payer l'Amérique parce que des
« contrats » (tenus secrets) n'ont pas été respectés.
Ce n'est pas par hasard que plus de la moitié des
terroristes engagés dans l'attaque du 11 Septembre sont saoudiens. Comme l'écrit la roman-
cière indienne Arundhati Roy : « Qu'est-ce que
Oussama Ben Laden ? C'est le secret de famille de
l'Amérique. Le double noir de son président. Le
jumeau sauvage de ce qui se targue de beauté et de
civilisation. Bush et Ben Laden ont recours à la
même terminologie. Chacun représente "la tête du
serpent" aux yeux de l'autre. Aucun ne se prive
d'invoquer Dieu... »

Le terrorisme n'est qu'un symptôme, pas la
maladie. La maladie c'est le fondamentalisme religieux tel qu'il a été propagé par des Saoudiens et
tel qu'il a été utilisé par l'équipe fanatique autour
de Bush. L'Arabie Saoudite récolte ce qu'elle a
semé. Après les derniers attentats qui ont fait 22

morts dont un technicien américain, le Pentagone
a demandé à ses ressortissants de quitter ce pays.
Que va devenir l'Arabie Saoudite si elle perd la
main d'œuvre qualifiée étrangère qui lui permet
de produire son unique capital, le pétrole ?

Ce n'est pas l'islam qui doit changer mais les musulmans !
(*Espresso*, 27 novembre 2009)

Toute religion imprime de manière définitive
et non équivoque ses valeurs et son message et
produit un dogme sacré, intouchable, inchangeable.
Telle est la donnée permanente de chaque monothéisme. Le croyant, celui qu'on définit comme « le
fidèle », est libre d'interpréter les textes et de leur
donner un sens responsable et même logique. La
foi en Dieu n'exclut absolument pas la liberté de
penser. Au contraire : Dieu suscite cette liberté et
encourage l'être à en user pour que sa foi soit fondée sur cette valeur essentielle.

L'histoire de l'islam est jalonnée par des tentatives de rationalisation de la pensée et de l'action
islamiques. L'école des mutazilites donne du Coran
une interprétation marquée par le pouvoir souverain de la Raison, Dieu étant lui-même Raison.
Face à cette école, se dressent les représentants
du conservatisme et de la tradition. Ceux-là rejet-
tent violemment la notion de libre arbitre de l'être
humain. Ce débat a pris toute son ampleur au
IXᵉ siècle quand on a commencé à évoquer la nature
de la parole de Dieu. Le Coran est-il « créé » (comme
l'estiment les rationalistes) ou « incréé » (comme le

soutiennent les traditionnalistes) ? Ce sont là deux visions du monde opposées. Les « littéralistes », les traditionnalistes l'ont emporté. L'islam qui prévaut aujourd'hui dans les pays du Golfe, par exemple, suit la pensée de Mohammed ibn Abd el-Wahhâb (XVIIIᵉ siècle), le wahabbisme, un système rigoriste appliquant la chari'a, la juridiction dogmatique telle qu'elle a existé au VIIᵉ siècle comme si le monde n'avait pas changé ni évolué depuis cette époque. La question qui se pose est de savoir comment lire et penser le Coran. Faut-il le lire de manière plate ou bien redonner toute sa force à cette parole dont la richesse réside dans l'emploi du symbole et de la parabole ?

Aujourd'hui, les excès des activistes fondamentalistes et leur ignorance manifeste du sens essentiel du Coran, c'est-à-dire de son interprétation humaine, rationnelle et adaptée à l'époque, finissent par être contreproductifs et nuisent non seulement à l'islam mais aussi à leur projet de société. On me rétorquera qu'il y a pourtant de plus en plus de femmes voilées, que la fréquentation des mosquées est en hausse constante, que l'identité musulmane s'affirme avec plus de force face à l'Occident. Il est vrai que le conservatisme marque des points, mais les tenants d'un islam tranquille, paisible, calme sont de plus en plus nombreux. Peut-être qu'ils ne s'expriment pas souvent, n'ont pas les médias à leur portée et n'osent pas affronter les fanatiques capables de prononcer des fatwas et même d'ordonner des exécutions ou des excommunions pour apostasie.

Quels sont les mécanismes qui expliquent l'apparent succès des « traditionnalistes » ? Tout d'abord, ils ont très vite compris qu'il fallait s'emparer des médias notamment de la télévision et ensuite d'Internet. Les chaînes de télévision satellitaire qui inondent les foyers du monde musulman sont dans leur ensemble entre les mains des Frères musulmans (mouvement qui est né en Égypte en 1928) qui sont rompus dans la méthode de la propagande et de la démagogie. Ainsi, un jeune Égyptien, bel homme, habillé à la mode européenne comme un mannequin, a ravi le cœur de millions de jeunes femmes musulmanes dans le monde. Il s'appelle Amr Khaled et s'inspire du style des Évangélistes américains, en s'adaptant évidemment à la mentalité arabe traditionnelle et conservatrice. On peut dire qu'il sait parler aux femmes. Il utilise les mots qu'il faut, donne des exemples pris dans la vie quotidienne, séduit par son charme et son intelligence. Il a réussi en rompant avec l'image vieillie des théologiens barbus, utilisant la langue dogmatique. Mais il n'y a pas qu'Amr Khaled et le rôle des médias. Il y a aussi d'autres intervenants, notamment des femmes et des professeurs d'université qui, dans leurs discours, s'opposent systématiquement à la civilisation occidentale (dont ils profitent par ailleurs à titre privé) et qui affirment que tous les maux, tous les problèmes trouvent leur solution dans le Coran. Cette pensée simpliste fait des ravages. Elle retire à l'homme le sens de la responsabilité (ce qui est tout à fait contraire à l'esprit de l'islam) et le laisse entre les mains de gens qui pensent à sa place.

Non seulement des contresens sont énoncés, mais des erreurs et des mensonges sont affirmés avec force et sans explication. Prenons le cas du voile. Nous assistons depuis quelques décennies à l'expansion du voile parmi les jeunes filles et les femmes. Le cas extrême étant le port de la burqa ou du niqab qui n'ont rien à voir avec l'islam mais viennent de traditions de pays comme l'Afghanistan et le Pakistan en cours bien avant l'islamisation de ces pays.

Le voile a été instauré par le Coran dans des circonstances précises. Deux écrivains franco-égyptiens l'expliquent dans un livre remarquable, *Penser l'islam* (Grasset), qu'ils ont écrit en 2009 : « Cela se passait à Médine. Les femmes devaient sortir de la ville, à la tombée de la nuit, pour leurs besoins. Elles étaient alors souvent importunées par des voyous. Elles firent part de leur colère à leurs maris, qui en parlèrent à leur tour au Prophète. C'est à la suite de ces incidents que le verset coranique aurait été révélé à ce dernier. En revêtant un châle, les femmes musulmanes libres pouvaient se faire aisément reconnaître, et dès lors se faire respecter, même dans l'obscurité de la nuit » (sourate XXXIII, verset 59).

Une femme qui entre dans une mosquée, dans une synagogue ou une église se doit de porter une tenue vestimentaire décente. D'où le conseil de couvrir les cheveux considérés par certains comme un élément érotique. Mais de là à ce qu'une femme se voile des pieds à la tête au point de devenir une sorte de « fantôme noir » ne laissant voir aucun centimètre carré de son corps, il y a un abus et une mascarade qui sont en contradiction avec l'esprit et la noblesse de l'islam.

On apprend par ailleurs que l'islam a de tout temps rejeté les signes ostentatoires. La morale musulmane réside dans la discrétion, la pudeur et même le silence. L'ostentation religieuse, comme l'affirmation de son identité musulmane par le port de vêtements voilant tout le corps, est assimilée par l'islam à de l'hypocrisie. On sait combien Dieu condamne les hypocrites et leurs semblables, c'est-à-dire ceux qui détournent son message pour une exploitation fanatique et idéologique. Nulle part dans le Coran il n'est permis de se suicider et de tuer des innocents. Le djihad n'a de sens que dans une guerre où il faut se défendre en se battant pour sauver sa peau et son pays. En outre le djihad a un autre sens, celui de l'effort pour mieux comprendre la pensée de Dieu et l'interpréter de manière intelligente.

Pour que cette image caricaturale de l'islam soit corrigée ou annulée, il faudra du temps et de la démocratie politique. Car sans liberté de penser, sans audace et rationalité, l'islam sera de plus en plus confondu avec ce qu'il n'est pas, avec ce qu'il n'a jamais été. Or que de crimes on a commis en son nom ! Mais au-delà de cette idéologie meurtrière – celle des talibans et des gens d'Al-Qaida –, il y a un réel problème politique dans la plupart des pays musulmans. Tant que la démocratie véritable ne régit pas la vie politique, les intégristes continueront de profiter de cette lacune pour faire triompher leurs thèses et entraîner dans leur sillage des jeunes qui n'ont plus confiance dans des dirigeants qui se font élire à plus de 90 % de voix et souvent cèdent le pouvoir à leur progéniture. Le problème est politique, il n'est pas religieux, même si les tenants de la laïcité ont du mal à faire entendre leur voix.

Il faut affirmer, comme les auteurs du livre *Penser l'islam* le font, qu'« on ne peut pénétrer le sens de la plupart des versets du Coran, sans les replacer dans le contexte historique où ils ont été révélés » et s'interroger : « Comment prétendre, quatorze siècles plus tard, que tous les versets du Coran sont à suivre tels quels, au mot près ? »

Depuis l'époque du prophète, le monde a changé dans tous les domaines. L'islam dans son essence ne cesse d'encourager l'être à s'adapter au monde, à chercher partout le savoir et à rencontrer les autres peuples parce que leurs différences sont un atout et une richesse. On attend que d'autres orateurs prennent la parole pour sortir l'islam de cette image hideuse et fausse, celle qui lui fait du tort et la transforme en danger pour les autres peuples. Pour cela, il faudra réviser les manuels scolaires et instaurer la démocratie. Un programme quasi utopique.

Se convertir, oui, mais à l'islam !
(*La Republicca*, 5 octobre 2008)

Alors que l'islam accueille de plus en plus de convertis, il ne tolère pas qu'un musulman se convertisse à une autre religion. Cela est tout simplement interdit. Il est dit dans le Coran que « le converti doit être tué » (« *Al murtad yuqtal* »). Cette sentence était pratiquée au temps où le prophète Mahomet se battait contre des ennemis qui cherchaient par tous les moyens à faire échec à la révélation qu'il avait reçue. Parmi eux, il y avait les polythéistes qu'il devait convaincre de n'adorer qu'un Dieu unique, le Dieu de l'islam. Lorsqu'un musulman cédait au poly-théisme ou participait à un complot contre le pro-phète, sa condamnation était la mort. Le prophète ne tolérait ni les polythéistes ni les hypocrites. Le Coran consacre tout un chapitre aux « hypocrites », entendus dans le sens de « traîtres ».

Aujourd'hui le contexte n'est pas le même. L'islam ne cesse de s'implanter dans le monde ; cette dernière religion monothéiste révélée grossit ses rangs par des convertis de tous les continents. Qu'un individu d'origine musulmane change de religion ne représente actuellement plus aucun danger et cela, en outre, ne doit concerner qu'une extrême minorité insignifiante.

Cependant, certaines mentalités ne l'entendent pas ainsi. Je me souviens que lorsque j'étais enfant à Fès, ville traditionnelle et creuset d'un islam venu d'Arabie, une famille marocaine et musul-mane s'était sentie déshonorée et trahie parce qu'un de ses fils s'était converti au catholicisme. Pour éviter les représailles de sa famille plus que d'un groupe ou d'une association islamique, le jeune homme s'exila en France où il devint le père Abdeljalil. Personne ne chercha à blâmer sa famille qui, pour marquer sa profonde désapprobation, organisa des funérailles symboliques.

Cela m'avait choqué. On m'expliqua alors que lorsqu'on naît musulman on le reste à vie et on meurt musulman. C'est ainsi. C'est une religion qu'on ne peut ni révoquer ni critiquer. Le dogme est le dogme. C'est pour cette raison que les récents convertis à l'islam deviennent assez facile-ment fanatiques, intolérants et observent ses prin-cipes de manière très rigide.

De manière générale, aucune religion n'admet qu'un fidèle la quitte. Affirmer publiquement l'athéisme est impossible dans la plupart des pays musulmans d'aujourd'hui. À peine ose-t-on parler de laïcité, laquelle n'est pas négation ou refus de la religion, mais séparation de la religion avec le domaine public et politique. La discrétion est recommandée pour celui qui quitte l'islam ou qui ne croit pas en Dieu. Le catholicisme est passé par là. Il a provoqué des guerres, brûlé des non-croyants, mis en place une inquisition durant plusieurs décennies.

Parmi les convertis à l'islam, nous trouvons un nombre important d'hommes qui, pour pouvoir épouser une musulmane doivent devenir musulmans. Le font-ils avec sincérité ou bien par tactique ? D'autres viennent à l'islam par pure conviction. J'ai eu un ami, un Français d'origine polonaise, qui a dirigé durant une dizaine d'années les éditions du Seuil, maison fondée par des catholiques, et qui, à l'âge de 14 ans, s'était converti à l'islam parce qu'il avait trouvé dans cette religion une spiritualité dont il avait besoin. Il est devenu un grand spécialiste du poète mystique Ibn Arabi. Ces conversions sont discrètes et on n'en parle pas. Mais elles existent et n'impliquent aucune provocation. La foi se vit dans le silence, pas dans l'agitation et le spectacle.

Djihad
(*La Repubblica*, 15 mars 2005)

Le mot « djihad » vient du verbe « *ijtahada* » qui signifie en arabe « fournir un effort » pour réussir un travail, une recherche, un savoir, des études par exemple. Le « djihad » qui est cité plusieurs fois dans le Coran veut dire combat, mais c'est un combat particulier puisqu'il s'agit d'un effort que l'homme, le croyant, doit faire sur lui-même en vue d'un perfectionnement, d'une meilleure pratique de la foi pour être dans le droit chemin de Dieu, pour s'améliorer. Le prophète Mahomet avait annoncé que « le vrai combattant était celui qui livrait un combat à lui-même », c'est-à-dire qui œuvrait dans le sens de la morale et de la vertu pour réaliser les valeurs fondamentales que prône l'islam. Le *djihad al Akbar*, le grand, est celui que livre l'homme contre ses vices et ses défauts. Le *djihad al asghar*, le petit, est celui qui consiste à lutter par la guerre contre les ennemis de l'islam, ceux qui, à l'époque de la révélation, continuaient à douter du message divin et surtout à adorer des idoles en pierre ou à combattre par tous les moyens la personne du prophète. Dans la sourate IX, le verset 36 dit : « Combattez les polythéistes totalement, comme ils vous combattent totalement, et sachez que Dieu est avec ceux qui le craignent. »

Progressivement ces nuances ont disparu et seul ce djihad, celui de la lutte armée, a subsisté. Cette guerre au nom de Dieu est dite sainte. Il est en outre interdit de verser le sang d'un musulman, seuls les ennemis déclarés de l'islam sont concernés. Encore faut-il définir qui est ennemi de cette religion : est-ce quelqu'un qui a d'autres convictions, une autre religion ou bien est-ce celui qui conteste la foi musulmane, qui attaque et oblige le musulman à se défendre ? Il faut rappeler un point essentiel : l'islam exige du croyant la reconnaissance et le respect des prophètes des deux autres religions monothéistes. Le Coran met en avant les spécificités de Jésus considéré comme prophète et messager exemplaire d'Allah. Il est respecté et admiré. Le musulman doit le vénérer comme il vénère Abraham, Moïse et Mahomet. Les ennemis de l'islam ne sont donc pas les croyants des autres religions. Ils sont les ennemis du monothéisme que ce soit l'islam, le christianisme ou le judaïsme.

Longtemps le djihad a été défensif. Ce n'est que tardivement dans l'histoire qu'il est devenu offensif. Durant les croisades, les musulmans avaient dû se défendre parce que l'initiative de la guerre avait été prise par le pape Urbain II à partir de 1096. La guerre sainte fut déclarée aux musulmans partout dans le monde.

À partir de cette époque, la notion de djihad fut étendue à toute guerre déclenchée en terre d'islam. Ainsi les luttes contre l'occupation coloniale ont été menées certes pour libérer le pays au nom de la dignité, mais aussi pour faire triompher l'islam humilié par le colonialisme chrétien. Aujourd'hui encore, on confond l'Occident avec la chrétienté, sans faire de distinction entre les peuples et leurs croyances.

Il est dit dans le Coran que la défense est préférable à l'attaque, simplement parce que l'islam se définit comme « soumission à la paix », que toute tuerie provoque des injustices et encourage la sédition (*fitna* en arabe), que *Dar al islam* (la maison de l'islam) est *Dar as-Soulh* (la maison de la conciliation et la paix). Le combat doit être spirituel pour faire prévaloir les bienfaits de la philosophie islamique. Ce combat – travail sur soi – est celui des mystiques, des « soufis », ceux qui ont fait de l'amour de Dieu leur unique préoccupation. Les plus grands soufis de l'islam sont aussi ses plus grands poètes comme Al-Hallaj, Ibn Arabî, Djalal al-Din Rûmî.

Nous sommes loin aujourd'hui de cet esprit de paix et de spiritualité. Les guerres, les injustices et les humiliations n'épargnent plus les populations arabes et musulmanes au Proche-Orient. Tous les jours, des innocents sont tués que ce soit en Irak ou en Palestine. Des maisons sont dynamitées, des familles déchirées et endeuillées. En Palestine, des enfants sont privés de leur enfance, vivent dans des conditions inhumaines et grandissent dans l'état d'urgence et de guerre. Ce sont ces enfants des camps, qui ne connaissent de la vie que l'occupation, les bombes et les enterrements des résistants, qui trouveront dans le djihad le moyen d'affirmer leur volonté d'être reconnus et de vivre dans un État libre et indépendant.

Le discours de ceux qui utilisent l'islam pour recruter des jeunes soldats de la résistance séduit par sa simplicité et par les promesses que le statut de *shahid* (*shahid fi sabili Allah* : martyr dans le droit chemin d'Allah) leur réserve. En Palestine, le Djihad islamique, mouvement de résistance contre l'occupation israélienne, se différencie du Fatah, lequel est une organisation de lutte et de résistance d'inspiration laïque.

L'éloge du martyr, de celui qui sacrifie sa vie pour la cause au nom de l'islam, est contesté par une grande partie de dirigeants palestiniens. Quand un combattant meurt sous les balles de l'occupant, il est enterré comme martyr, ce qui est admis par tous au point qu'on ne dit pas qu'il est mort mais qu'il a été *shahid* (*istash' hada*). Mais quand on prépare des jeunes à se transformer en bombe humaine destinée à exploser dans un restaurant ou dans un autobus en tuant des civils, cela n'a rien à voir avec le djihad dans le sens premier du terme ni avec les valeurs de l'islam.

Le suicide est formellement interdit en islam. Il est puni par l'enfer éternel. La notion de kamikaze est étrangère à la culture arabe et musulmane. Ce fut l'ayatollah Khomeiny qui, durant la guerre entre l'Iran et l'Irak, mit en première ligne des jeunes en leur disant qu'ils allaient mourir en *shahid* et qu'ils iraient ensuite au paradis où Allah les récompenserait comme ils le méritaient. Ensuite, d'autres mouvements islamistes au Liban et en Palestine utilisèrent les mêmes arguments. Le recours au kamikaze fut aussi le fait des Tchétchènes. On combattit sous la bannière du djihad en Bosnie, en Algérie, au Cachemire, en Albanie, au Kurdistan et aux Philippines.

Cette apologie de la mort au mépris de l'instinct de vie est étrange et constitue une arme nouvelle inconnue en Occident. Que faire face à celui qui a vaincu la peur de mourir et l'a remplacée par le désir ardent de mourir en tuant les autres ?

Comment en est-on arrivé là ? On ne peut comprendre ce phénomène sans évoquer la guerre en Afghanistan contre les occupants soviétiques. La résurgence du djihad a commencé en terre afghane. Les Américains, dans leur opposition aux Soviétiques, ont laissé faire et ont même encouragé et financé les « moudjahidines » dont un certain Oussama Ben Laden.

Al-Zawahiri et Ben Laden, vont, dès 1990, invoquer le djihad pour lutter contre l'Occident et unifier les musulmans de par le monde autour de la fameuse *Oumma islamiya* (« nation musulmane »). Gilles Kepel rappelle dans son dernier livre *Fitna* (Gallimard, 2004) « leur objectif : mener une guerre au cœur de l'islam, destinée d'abord et avant tout à assurer aux militants djihadistes l'emprise sur les esprits de leurs coreligionnaires, afin d'instaurer partout, par la lutte armée, un "État islamique". Les enfants de l'islam sont appelés à réparer les manquements et autres attitudes défaitistes de leurs parents et grands-parents. La parole arabe, la parole musulmane, l'identité arabo-musulmane avaient besoin de s'affirmer et prendre sa revanche. Tant d'humiliation du citoyen arabe était devenue intolérable : que ce soit à l'intérieur des pays arabes où les libertés manquent, ou que ce soit dans les territoires occupés, la *Oumma islamiya* doit réagir ».

Al-Zawahiri explique qu'il faut « se préparer à un combat qui n'est pas confiné à une seule région, mais qui vise aussi bien l'ennemi apostat intérieur que l'ennemi judéo-croisé extérieur ». L'ennemi intérieur est représenté par les régimes arabes qui n'appliquent pas de manière systématique la chari'a, c'est-à-dire pratiquement tout le monde arabe. Le cas de l'Arabie Saoudite est à part : gardienne des lieux saints, le pouvoir de la famille royale y est contesté davantage pour des raisons politiques que religieuses. Le terrorisme ne l'a pas épargnée, alors que c'est cet État qui a formé des professeurs devant suivre la ligne de l'islam radical qui s'appelle le wahabbisme. Al-Zawa-hiri explique aussi que les opérations martyr (menées par des kamikazes) ont l'avantage d'infliger des pertes à l'adversaire alors qu'elles ne coûtent qu'une vie humaine de l'autre côté.

Dans un premier temps, le terrorisme au nom de cette « purification islamique » a frappé les pays musulmans comme l'Égypte, le Soudan et surtout l'Algérie où la guerre civile a fait plus de 100 000 morts. Ce n'est qu'à partir du 11 septembre 2001 que débute l'offensive anti-occidentale. Le djihad est le moyen de cette lutte. L'Europe est minée de l'intérieur ; des « moudjahidines » y travaillent et attendent un signal pour lancer des opérations. Ce fut le cas à Madrid, le 11 mars 2004, où des atten-tats suicides dans les trains de banlieue ont fait 191 morts et 1 400 blessés, attentats revendiqués par les brigades d'Abu Hafs al-Masri appartenant à Al-Qaida.

On voit bien que les idéologues du djihad agis-sent au mépris des textes sacrés et poursuivent des objectifs qui leur assureraient la domination du monde musulman en créant partout des « répu-bliques islamiques ».

Que faire pour mettre fin à cette spirale de la vio-lence ? L'Europe qui compte plusieurs millions de musulmans sur son sol pourrait entamer un dia-logue avec cette population et faire en sorte que ces nouveaux Européens se sentent chez eux, non pas exclus mais intégrés, concernés par le destin de l'en-tité européenne où l'islam en tant que religion et culture a une place légitime. C'est cet islam tran-quille et majoritaire qui fera échec aux tentatives de déstabilisation et au terrorisme. Parallèlement, il faut œuvrer pour que justice soit rendue aux Palestiniens, pour que la paix soit juste et durable pour les deux peuples, israélien et palestinien. Le jour où une paix véritable régnera en Palestine, les promoteurs du djihad seront bien embarrassés. De même, le jour où les dirigeants européens auront convaincu les musulmans de leur bonne disposition pour les accueillir et vivre avec eux, les tenants du djihad seront marginalisés ou même neutralisés. Le djihad trouve des candidats là où règnent le désespoir, l'injustice, l'humiliation et l'absence de reconnaissance.

Pour vaincre l'onde du djihad, il faut que l'Europe s'engage de manière plus franche aux côtés de ses citoyens de confession musulmane. C'est un travail long et difficile, mais c'est un des moyens de faire échec à ceux dont le but avoué est de semer la mort et la terreur dans le monde. Malheureusement, la réélection de George W. Bush, si elle constitue une mauvaise nouvelle pour les libertés et la paix, réconforte les extrémistes et les terroristes parce que la politique actuelle américaine en Irak (qui a fait plus de 100 000 victimes depuis l'arrivée des Américains) suscite de plus en plus de vocations terroristes.

Orient-Occident, le choc des ignorances
(Conférence prononcée au colloque « L'islam et le monde », New York, 10 juin 2009)

Je commencerai par un fait qui me vient à l'esprit quand on parle de cette opposition entre l'Orient et l'Occident surtout depuis le 11 septembre 2001.

Au mois de mars 2003 je fus invité par la prestigieuse université de Princeton aux États-Unis pour donner une série de conférences. Je pris l'avion à Paris, et je savais que la compagnie devait communiquer la liste des passagers qui s'apprêtaient à entrer sur le sol américain. Comme tout le monde, je remplis les cartes qu'on nous distribuait et qu'on présentait à la police des frontières. J'avais un passeport français. Je le montrai. Dès qu'il vit un nom arabe, l'agent américain tapota sur son ordinateur durant cinq minutes puis remit mes documents à un autre agent et me demanda de le suivre dans un bureau situé au fond de l'aéroport. On m'installa dans une salle où je remarquai la présence d'autres Arabes. Angoissé, je ne disais rien. J'attendais. Je savais que j'étais suspect. De quoi? Qu'avais-je fait? Je me disais que j'avais peut-être commis un délit et que ma mémoire l'avait effacé. J'attendais. Je pensais à K., le personnage du *Procès* de Franz Kafka. Parfois, il suffit d'un rien pour basculer dans l'absurde. Rien de lisible sur le visage de l'agent en charge de mon dossier. Je le regardai et je baissai les yeux. Je commençais à avoir peur. Je me disais: «Et s'il me confond avec un autre portant le même nom que moi, quelqu'un qui serait recherché?» Le temps de vérifier, j'aurai déjà été à Guantanamo. La tension montait. J'attendais, je n'osais pas demander ce qui se passait. On m'avait dit qu'il ne fallait jamais protester dans ces cas-là.

Au bout de quarante minutes, l'agent m'appela et me posa une série de questions. Mon anglais est très pauvre. Je répondis en français, puis dans un anglais approximatif. Il me posa des questions pièges : « Qui est Amine ? » « C'est mon fils. » « Quelle est sa date de naissance ? » Là, j'eus un trou. J'avais oublié. Je confondais sa date de naissance avec celle d'un autre de mes enfants. Je lui montrai l'invitation de Princeton. Cela ne l'intimida pas. Il continua de taper sur le clavier de son ordinateur. À ce moment-là, je me suis rappelé que j'avais écrit un article sur la guerre en Irak dans lequel je réclamais que Bush soit jugé par le Tribunal pénal international pour avoir tué des innocents. Je me dis : « C'est pour ça que la police me retient. » Après un moment de pause dans l'interrogatoire au cours duquel l'agent parla avec un de ses collègues, il me remit mon passeport. Je sortis de l'aéroport où je vis ma valise seule sur le tapis roulant. Les autres passagers, européens, n'avaient pas subi d'interrogatoire.

Voilà, c'est ce genre de situations que redoutent des Arabes qui veulent voyager. Même innocents, ils sentent qu'ils portent sur leur visage de quoi passer pour suspects. C'est cela notre part d'Orient en cette époque de confusion, d'amalgames et de grande violence.

Entre l'Orient et l'Occident il existe tant de malentendus qu'il faut commencer par déconstruire les préjugés, les clichés, les idées toutes faites, les généralités et préciser les mots et les choses.

De quoi parle-t-on quand on évoque ces deux pôles ? Si l'Ouest est facilement repérable, l'Orient est plutôt une mosaïque de pays et de peuples qu'on situe parfois en Asie, parfois dans le Proche-Orient et Moyen-Orient ou même dans le

Maghreb. Maghreb veut dire en arabe « le cou-
chant », c'est-à-dire l'Ouest. Pourtant on situe
dans la même catégorie aussi bien le Machrek (là
où se lève le soleil) que le Maghreb (là où il se
couche).

Tenons-nous en à la sphère du monde arabe
qui englobe les cinq pays du Maghreb et les dix-
sept autres pays arabes. On les a réunis parce qu'ils
partagent une même religion et une même langue.
Mais quand on y regarde de plus près, on se rend
compte que la langue arabe qui leur est commune
est une langue classique, littéraire que ne parlent
que les élites. C'est la langue des livres et de l'histoire, les peuples s'exprimant dans des dialectes
dérivés de cette langue. Mais si un intellectuel
égyptien et un intellectuel marocain communi-
quent aisément en parlant la langue du Coran,
deux paysans ou ouvriers de pays arabes différents
auront beaucoup de mal à se faire comprendre. Ils
parviendront à se dire quelques mots, ceux qui ne
sont pas éloignés de la langue classique. Ce problème explique l'apparition relativement tardive
du roman dans la sphère arabe. Le premier roman
arabe s'intitule *Zaïnab* et est paru en feuilleton
dans un journal égyptien en 1914. L'auteur,
Mohamed Haykal, influencé par Gustave Flaubert
l'a sous-titré *Chronique d'une femme de la campagne*.
Sachant qu'à l'époque, le roman était perçu
comme un genre immoral, l'auteur a été accusé
d'hérésie et de trahison. Cette apparition tardive
du roman a deux causes : l'individu n'était pas
reconnu dans la société arabe où l'on privilégie le
clan et la famille ; et il n'était pas réaliste et plau-
sible de faire dialoguer deux personnages du

peuple en arabe classique. On n'osait pas utiliser la langue dialectale pour ne pas se couper des autres lecteurs potentiels dans le monde arabe. Une exception cependant : en 1933, un médecin océanologue égyptien, Hussein Faouzi, publia en arabe parlé égyptien son récit d'une expédition sur un voilier racontant le tour de la planète à l'équateur.

Le deuxième point commun de ces différents pays est l'islam. Cependant plus de 10 % des musulmans arabes sont chiites, les autres sunnites. Il existe aussi une minorité de chrétiens en Égypte, au Liban, en Syrie, au Soudan et en Irak. Seul le Maghreb a résisté aux tentatives de christianisation.

Le monde arabe n'est donc pas une entité unie, forte et harmonieuse. Comme le définissait l'orientaliste Jacques Berque, il est « semblable et différent ». Le Maghreb n'était pas arabe ni musulman avant le début du IXe siècle. Ses habitants étaient des Berbères. Ils ont été islamisés mais ont gardé leurs langues et leurs traditions. Longtemps l'islam a constitué un ciment culturel entre ces différents pays. En 1932, la colonisation française a essayé de diviser les Marocains arabes et les Berbères en voulant instituer une législation différente. Tous les Marocains refusèrent ce projet et manifestèrent leur hostilité au cri de : « Nous sommes tous marocains et nous sommes tous musulmans. » Ce fut « le dahir berbère » que la France retira.

Bien avant la révolution iranienne de 1978, l'islam est devenu une idéologie politique avec l'apparition du mouvement des Frères musulmans en Égypte en 1928 qui opposait l'identité et la culture musulmanes à la colonisation et aussi au nationalisme laïque des jeunes patriotes égyptiens.

Pour comprendre la situation actuelle du « refus de l'Occident », il faut remonter aux origines des humiliations et des frustrations subies par les peuples arabes. L'Occident entretient avec cet Orient si proche et si lointain des relations tumultueuses depuis des siècles. L'occupation coloniale puis la spoliation des Palestiniens de leurs terres en 1948 restent des blessures brûlantes dans la mémoire du monde arabe. Ce monde est souvent dirigé par des hommes qui ne sont pas élus démocratiquement et qui suivent une politique satisfaisant les intérêts de cet Occident qui les a aidés et soutenus. L'exemple le plus flagrant est le cas de Saddam Hussein. Sans l'appui des Européens et des Américains, il n'aurait pas fait la guerre à l'Iran. Sans les armes vendues notamment par la France et l'Allemagne, il n'aurait pas pu exercer une dictature sanguinaire sur son peuple. Ses « amis » européens ont fermé les yeux le jour où il a gazé le village kurde de Halabja. Les malheureux Kurdes sont morts dans leur sommeil sous l'effet des gaz achetés chez des Allemands et lâchés par des avions français.

Parce que l'Irak était un immense réservoir de pétrole, la morale politique n'avait pas droit de regard sur ce que faisait Saddam. Les intérêts ont de tout temps primé sur les valeurs humanistes. Cela, les peuples arabes, ceux qui ont souffert de ces dictatures, ceux qui souffrent encore, ne l'oublient pas.

Le regard que pose le monde arabe sur cet Occident, lui aussi divers et semblable, est un regard de reproche, de mécontentement, d'attraction ambiguë et de rejet. Les élites sont déçues. Que de fois on les a entendues reprocher à la France, « pays des droits de l'homme », d'avoir privilégié la raison d'État par rapport aux droits de l'homme dans sa politique extérieure.

Plus particulièrement depuis les guerres israélo-arabes de 1967, 1973, 1982 et les différents affrontements à armes inégales entre population palestinienne et armée israélienne, le fossé n'a pas cessé de se creuser entre l'Orient et l'Occident perçu comme l'ami et le protecteur de l'État d'Israël. Les mentalités ont souvent des visions binaires et manichéennes. Elles n'ont pas besoin d'entrer dans les subtilités des analyses géopolitiques.

Nous retrouvons ce manichéisme largement répandu dans les nouveaux médias satellitaires arabes, très regardés. Le rôle joué par la chaîne Al-Jazeera émettant à partir de Doha, capitale du Qatar, est immense dans la constitution et la formation de ces mentalités : on montre en direct aux téléspectateurs comment leurs frères palestiniens ou irakiens sont victimes de la barbarie de l'occupation. La caméra occidentale est parfois pudique, elle ne diffuse pas des images horribles. La caméra de cette chaîne est sans pitié, elle donne à voir l'intolérable, fait des débats où l'agressivité est de mise, interroge les témoins avec une efficacité redoutable et repasse plusieurs fois les images chocs. Al-Jazeera a été la première à bouleverser le système de l'information et de la communication dans le monde arabe. Depuis, des dizaines d'autres chaînes l'imitent et lui font concurrence. Les Américains ont senti le besoin de créer leur propre Al-Jazeera, la chaîne Al Horra (littérale-ment : « la Libre ») qui adopte les mêmes tech-niques de rapidité de l'information mais apporte ses propres analyses de la situation en Irak.

C'est dans ce foisonnement médiatique et sur ces blessures historiques que le terrorisme va se développer. Ses objectifs intimes sont inconnus, ses buts politiques sont clairs : déstabiliser les pays arabes qui sont sur le chemin de la démocratie et qui entretiennent des liens économiques, poli-tiques ou de protection avec l'Occident. Depuis l'invasion du Koweït par Saddam Hussein, les pays du Golfe ont besoin de la protection militaire américaine. Ils ont dû s'allier à cette grande puis-sance pour raison de survie.

L'autre but du terrorisme est de semer la ter-reur dans des pays occidentaux pour qu'ils chan-gent leur politique dans le monde arabe. Mais derrière cette volonté destructrice, le seul but que les terroristes atteignent c'est celui de nuire aux musulmans et aux Arabes dans le monde, en pro-voquant une suspicion générale à l'égard de tout citoyen arabe qui se déplace et en tuant des inno-cents.

Le terrorisme a de tout temps été l'arme des désespérés. Les membres d'Al-Qaida ne sont pas des désespérés. Ce sont des agents dont on ne connaît pas les motivations profondes. Ils jouis-sent du malheur qu'ils provoquent. Ils sont bien organisés, disposent de moyens matériels et de complicités importants. Personne n'a encore réussi à faire la lumière sur les motivations complexes et incompréhensibles du terrorisme international, celui qui a frappé New York, Casablanca, Madrid et Londres, celui qui provoque des explosions quotidiennes en Irak et des attentats sporadiques dans les pays du Golfe.

C'est dans ce contexte que Samuel Huntington a fourni aux Américains une thèse originale, mais simpliste et même fausse, pour les rassurer dans l'idée qu'ils ont d'eux-mêmes et leur permettre d'agir dans le monde sans avoir de comptes à rendre à personne. Que dit Samuel Huntington? Je le cite : «Mon hypothèse est que, dans ce monde nouveau, la source fondamentale et première de conflit ne sera ni idéologique ni économique. Les grandes divisions au sein de l'humanité et la source principale de conflit seront culturelles. Les États-nations resteront les acteurs les plus puissants sur la scène internationale, mais les conflits centraux de la politique globale opposeront des nations et des groupes relevant de civilisations différentes. Le choc des civilisations dominera la politique à l'échelle planétaire. Les lignes de fracture entre civilisations seront les lignes de front des batailles du futur. »

Le regretté Edward Saïd a écrit dans un article publié par *Le Monde*, le 27 octobre 2001 : «La thèse du choc des civilisations est un gadget comme "la Guerre des mondes", plus efficace pour renforcer un orgueil défensif que pour accéder à une compréhension critique de la stupéfiante interdépendance de notre époque. » Il est en effet illusoire d'opposer deux entités aussi imbriquées l'une dans l'autre que l'Occident et l'Orient, simplement parce que les pays occidentaux ont un héritage philosophique et scientifique qui est passé par le monde arabe et musulman. L'ignorer comme le fait Huntington est une façon de leurrer les lecteurs. Edward Saïd rappelle que « l'Occident a puisé dans l'humanisme, la science, la philosophie, la sociologie et l'historiographie de l'islam, qui se sont déjà insérés entre le monde de Charlemagne et l'Antiquité classique. L'islam se trouve dès le début à l'intérieur, ainsi que Dante lui-même, grand ennemi de Mahomet, dut le concéder en plaçant le Prophète au cœur de son enfer ».

En plein centre de Bologne, dans l'église San Petronio, on peut voir, si on insiste, une immense fresque du peintre Giovanni Da Modena datant de 1415 qui représente le prophète Mahomet entre les mains de Satan le tirant vers l'enfer.

La haine d'aujourd'hui a des racines dans le passé lointain. Huntington ne fait que réveiller ces vieilles rancœurs avec l'objectif de garantir la suprématie de l'Occident et de la défendre en ruinant les pays d'islam.

Il serait trop simple de réduire les pays du Proche-Orient au terrorisme ou à une religion. Il est vrai qu'il existe des antagonismes sérieux entre les modes de vie et les choix politiques de l'Orient et de l'Occident. Mais le choc des civilisations est davantage un slogan qu'une réalité, car les cultures sont mobiles, voyagent et s'interpénètrent. Elles n'avancent pas comme des blocs à jamais identiques. En revanche, le choc des ignorances est une réalité largement répandue. C'est sur ce terreau que le terrorisme fonctionne, recrute, lave des cerveaux et agit en toute impunité puisqu'il est sauvage, masqué. Il détourne la religion avec une facilité déconcertante et réussit à remplacer l'instinct de vie par la pulsion de mort donnée ou acceptée.

Pour lutter contre le terrorisme, il faut que l'Occident devienne le leader des causes justes, qu'il aille jusqu'à promouvoir ouvertement les valeurs de démocratie et de liberté de manière honnête, sans arrière-pensées. Il faut que ses intérêts passent au second plan. L'entreprise consistant à exporter la démocratie dans les États arabes (ce qu'on a appelé «la démocratie au forceps») a démontré ses limites et aussi ses dangers. On n'impose pas la démocratie en occupant un pays, en détruisant ses structures et en semant le chaos qui se traduit par une guerre civile. La démocratie n'est pas une technique, un gadget, une sorte de pilule diluée dans l'eau. La démocratie est une culture, une vision du monde, une façon d'apprendre à vivre avec les autres. C'est une culture qui a besoin de temps pour que la population l'accepte et s'en imprègne et d'une pédagogie au quotidien qui commence dès l'école. Elle ne se limite pas à un bulletin de vote (le vote n'étant qu'une des manifestations concrètes de la démocratie) ni ne s'exprime par une décision prise dans un bureau rempli de militaires.

Il est certain que si la justice est rendue au peuple palestinien, si la paix est garantie aux deux peuples et un État accordé à chacun, le terrorisme perdra beaucoup de sa virulence. Il faut ensuite régler au plus vite la question irakienne en exigeant de Bush qu'il répare les immenses dégâts que sa politique a commis dans ce pays.

Cet Orient arabe connaît culturellement, politiquement l'Occident. L'inverse devrait exister aussi. Mais l'affaire pitoyable des caricatures du prophète Mahomet a montré combien le gouffre d'incompréhension, d'ignorance est grand entre l'Occident et le monde musulman. Les uns n'ont pas idée de ce qui peut blesser l'âme du musulman, les autres confondent presse et pouvoir et ne s'imaginent pas que la liberté d'expression est une valeur sacrée. Se connaître c'est aussi se reconnaître, s'accepter et se respecter. Commençons par la culture, la politique suivra. L'Orient arabe a tant d'Occident en lui, dans son histoire, dans son savoir qu'il aimerait beaucoup que les pays européens posent sur lui un regard qui ne soit pas marqué par la méfiance et la suspicion, ou seulement guidé par des intérêts économiques et stratégiques, mais simplement curieux de sa culture et de sa civilisation.

Ignorances mutuelles
(Conférence prononcée à Lanzarote,
dans les Canaries, le 26 mai 2006)

Ibn Khaldoun a fait remarquer que « celui dont la langue maternelle n'est pas l'arabe a plus de peine à apprendre les sciences » et à s'instruire. Il parlait d'une époque où le monde de la culture était indissociable de la langue arabe. Les siècles des Lumières sont loin désormais et la langue arabe, malgré sa richesse exceptionnelle et sa beauté, ne séduit plus les peuples non arabes.

Ibn Khaldoun notait aussi, après avoir décrit et analysé l'état du monde arabe de l'époque, que « la civilisation de l'*umran hadari* (autrement dit, "la civilisation urbaine") marque le plus haut degré [de civilisation] auquel un peuple peut atteindre : c'est le point culminant de l'existence de ce peuple et le signe qui en annonce la décadence [...]. Dès lors, la nation commence à rétrograder, à se corrompre et à tomber dans la décrépitude... ».

Ibn Khaldoun était non seulement un grand historien et le précurseur de la sociologie mais il était aussi un visionnaire. Il n'a été complaisant avec personne, ni avec les Arabes ni avec les Bédouins. Dans des phrases aux allures de sentences, il disait, par exemple : « Les pays conquis par les Arabes s'écroulent » ou encore : « Les Arabes ne peuvent régner que grâce à quelque structure religieuse, de prophétie ou de sainteté ». Il attribuait tout cela à leur « sauvagerie innée », à leur nomadisme et à leur rejet des lois.

Qu'en est-il de la civilisation arabo-musulmane aujourd'hui ? Je dis « arabo-musulmane » parce qu'il est impossible de dissocier l'arabité, l'identité arabe de la religion musulmane. Ce n'est pas l'émergence de l'islam au VIIᵉ siècle qui a signifié ou imposé cette confusion mais c'est à partir du moment où la politique s'est emparée de la religion en tant qu'idéologie pour gouverner, dominer, mentir et corrompre que l'association arabe-musulman est devenue inévitable quand bien même on sait qu'il existe des minorités arabes chrétiennes, orthodoxes, druzes, etc. Ce détournement est en fait un appauvrissement des cultures arabes, et un endoctrinement des mentalités qui se complaisent dans le réconfort de l'irrationnel, rejetant l'exigence de la raison, allant jusqu'à lutter contre la séparation de la religion et de l'État.

Le monde arabe n'a pas de tradition de laïcité. Il perçoit celle-ci comme un rejet de l'islam alors qu'être laïque signifie adopter une vision du monde, une philosophie du vivre ensemble dans le respect des convictions et croyances de chacun.

D'où vient ce refus de séparer les choses ? L'islam serait-il si fragile, si vulnérable ? Pourquoi la religion est-elle devenue un refuge identitaire, susceptible de donner une sécurité ontologique à l'être ? Pourquoi l'islam qui a si longtemps été du côté des Lumières, surtout entre le IXe et XIIe siècles, se trouve-t-il aujourd'hui quasiment accaparé par les tenants de la régression et dans certains cas d'un obscurantisme violent ?

Lorsque Kemal Atatürk décide de moderniser la Turquie en 1923, il introduit et impose la laïcité. Il renonce à l'écriture arabe et développe un nationalisme vengeur – manière de faire oublier la débâcle de l'Empire ottoman. Cette « modernité » sera accompagnée par un isolationnisme de la Turquie qui regardera davantage vers l'Occident chrétien que vers le monde arabe et islamique.

Le refoulement de la religion a souvent pour conséquence un retour du religieux avec une force insoupçonnée.

Dans certains pays du Proche-Orient comme l'Irak et la Syrie, la laïcité n'était pas inscrite dans les textes de loi mais était vécue dans les faits. Il a fallu la révolution iranienne puis la première guerre du Golfe pour qu'un État comme l'Irak se rappelle au bon souvenir de l'islam. À partir de là, l'Égypte, en lutte contre les Frères musulmans depuis pratiquement 1928, n'a pas pu pousser la cohérence jusqu'à la séparation de l'islam et de la politique. Au contraire, elle va faire un nombre important de concessions aux religieux qu'elle contrôle mais qui empiètent largement sur le législatif et l'exécutif.

Un peu partout dans le monde arabe, on va sortir l'islam des textes, le sortir de son esprit, on va sacrifier sa spiritualité et faire du symbole sacré un drapeau identitaire et idéologique. L'islam n'y est pour rien, ce sont les hommes qui le manipulent pour leurs besoins politiques et qui pensent pouvoir tromper longtemps les peuples par des discours lénifiants. C'est la faillite des idéologies de progrès, l'échec du projet de modernité, le vide laissé par les politiques d'après les indépendances, qui n'ont pas su parler aux populations ni agir de manière cohérente face aux pouvoirs dominants. L'ignorance s'est érigée en culture. Nul besoin de chercher le savoir ailleurs puisque tout est dans la religion. C'est rassurant ! Ce discours est dangereux et contredit l'esprit de l'islam qui fait l'éloge du savoir, de la différence et du mélange des cultures.

Pendant ce temps-là, non seulement on s'éloigne de l'âge d'or du monde arabe et musulman, non seulement on trahit l'esprit et les héritages des califes exceptionnels comme Mu'awiya (661- 681), Al-Mansur (754-775), Hâroun ar-Rachîd (786-809), des philosophes comme Al-Kindi, Abu Sulaymane et aussi le grand historien

Ibn Khaldoun, mais on régresse, on creuse de plus en plus le gouffre qui sépare le monde arabo-musulman du reste du monde.

La trahison des Lumières vient simplement de l'ignorance. Mais l'ignorance est cultivée, banalisée, répandue facilement et ne cesse de gagner du terrain d'autant plus que la culture est soit empêchée, soit détournée de ses objectifs, soit effacée. Si l'ignorance avance, elle n'avance pas à visage découvert. Elle se maquille, s'enveloppe de pseudo-culture, fait passer pour de l'art ce qui est sa négation, encourage la production de livres à la gloire de la religion et condamne la création littéraire libre, imaginative et audacieuse.

Cette négation des Lumières va jusqu'à l'instauration d'une censure non plus étatique mais religieuse. Ainsi, Naguib Mahfouz, dont le roman *Awlad Haratna (Les Enfants de notre quartier)* avait été interdit par la censure étatique à sa parution il y a une quarantaine d'années et qu'une maison d'édition se propose aujourd'hui de rééditer, a affirmé qu'il ne voulait le publier que si la mosquée d'El Azhar l'autorisait à le faire. Lui qui a été la cible en octobre 1994 d'un attentat perpétré par un fanatique se réclamant de l'islam, a senti le besoin d'être protégé par les tenants d'un islam pur et dur. Cet islam-là, celui des fanatiques, est un islam appauvri, dépouillé de son humanisme et de sa spiritualité. Son âme est altérée, faussée et échangée contre un commerce honteux.

Minarets, burqa, identité nationale
(*Lavanguardia*, 5 décembre 2009)

La démocratie directe comme celle qui se pratique dans la confédération helvétique peut déboucher sur des aberrations. C'est ce qui s'est passé le dimanche 30 novembre 2009 à Genève avec la votation pour l'interdiction des minarets qui a recueilli plus de 57 % des voix. Qu'est ce que cela signifie ? Que l'on veut bien des musulmans sur le sol suisse mais à condition qu'ils deviennent invisibles ? Qu'ils doivent se faire discrets jusqu'à disparaître du paysage et que plus aucun signe ou symbole ostentatoires ne puissent être érigés ?

Cela veut dire que l'islam continue de faire peur et que cette méfiance phobique se fonde sur l'ignorance. L'affiche utilisée par ceux qui firent campagne contre les minarets en Suisse est assez éloquente : des minarets noirs en forme de missiles sont plantés sur le drapeau suisse à côté d'une femme en burqa. On a beau dire et répéter que la burqa n'a rien à voir avec l'islam, que c'est une coutume de certaines tribus afghanes ou pakistanaises, on continue de faire l'amalgame entre cette pratique et une religion.

Cette affiche est presque raciste. Elle suggère des idées, des menaces que le brave citoyen genevois reçoit comme un avertissement. Cette votation ne réglera rien, bien au contraire : elle ne fera qu'accentuer les différends entre la communauté musulmane et les Helvétiques.

Supprimer les minarets, c'est porter atteinte à un symbole. Le minaret est un signe d'une présence qui n'a rien d'agressif ou de politique et qui ne remet aucunement en cause «les droits fondamentaux en Suisse», contrairement à ce qu'a déclaré le parti de la droite populiste.

Comme a dit une jeune femme musulmane à la télévision française : «Hier c'était le voile, aujourd'hui c'est la burqa et voilà le minaret !» Il est vrai que le malaise est là. L'islam même pacifique – qui est majoritaire – continue de déranger.

En s'attaquant au minaret, la Suisse s'en prend au symbole d'une religion qu'elle aimerait voir disparaître de son environnement. Cette affaire, loin d'atteindre son but, ne fait qu'exacerber les passions et cela dépasse les frontières suisses. Le Front national en France a applaudi à cette votation et souhaite pouvoir un jour exercer cette démocratie directe et populaire pour exprimer le refus de l'islam en France.

Le débat sur le crucifix dans les écoles en Italie est du même ordre. C'est un symbole qui ne fait de mal à personne. Mais à partir du moment où l'on se met à charger ce symbole de significations nouvelles, la situation se complique et se politise. Il en est de même pour le débat actuel en France sur l'«identité nationale». Cette question d'identité se pose à partir du moment où l'on sent que le paysage humain d'un pays change de couleurs et de composantes. Cela concerne toute l'Europe car l'immigration est là, partout, et ses enfants sont des Européens, certains musulmans, d'autres animistes, d'autres sans religion. Il faut bien accepter cette réalité. Il ne sert à rien d'organiser une votation pour effacer ou corriger ce paysage. Évidemment, vivre ensemble cela s'apprend et ne peut se faire que dans la tolérance mutuelle et le respect des lois et du droit.

Les immigrés et leurs enfants ne s'en iront pas. Ils font partie de l'histoire européenne. Ce sont des personnes qui ont besoin de leur culture et de leur culte comme n'importe quel être européen de souche.

Curieusement, la Suisse a été très « compréhensive » avec le fils Kadhafi qui avait été arrêté à Genève pour agression et brutalité sur ses employés. Elle l'a libéré et a négocié avec le père pour trouver un arrangement. Il en est de même avec d'autres musulmans qui viennent déposer des milliards dans leurs banques. Elle les traite avec énormément d'attention et de respect. Elle oublie qu'ils sont porteurs de cet islam qui lui fait si peur.

Être musulman en Europe
(*Espresso*, 2 septembre 2004)

Deux personnages ont détourné l'islam de son sens et de ses valeurs fondamentales ; ils ont fait un mal incommensurable aux musulmans qui vivaient en paix et se retrouvent aujourd'hui mêlés au terrorisme : l'ayatollah Khomeiny et Ben Laden.

1978 a été une année décisive pour ceux qui voulaient impliquer la religion dans le champ politique. L'ayatollah Khomeiny était convaincu qu'il n'y avait pas d'exercice du pouvoir en dehors de la pratique de l'islam, islam chiite bien sûr. Il le disait et répétait, mais à l'époque tout le monde confondait renversement du régime pro-occidental et féodal du shah d'Iran et révolution qui devait libérer le peuple. Même un philosophe aussi brillant que Michel Foucault se trompa et s'enthousiasma pour ce vieillard au charisme extraordinaire. Jean Genet aussi fut impressionné par Khomeiny, celui qui avait réussi à chasser de Téhéran un homme que tout l'Occident appuyait. Pour ces deux grands intellectuels, la révolution était encore possible dans ce pays jouissant d'une civilisation magnifique. Personne n'avait vu venir l'obscurantisme et le conservatisme rétrograde contenus dans le discours du chef religieux et surtout dans ses actes. Personne n'aurait pu prévoir ce qui allait se passer non seulement en Iran mais dans une grande partie du monde musulman.

Jusqu'à cette date on ne parlait de l'islam qu'en de rares occasions. Les immigrés de religion musulmane vivaient en paix dans une Europe qui ne faisait même pas attention à leur présence.

L'immigration ne constituait pas un problème de société et n'intéressait que des spécialistes du phénomène migratoire. La guerre civile libanaise, la visite du président égyptien Anouar el-Sadate en Israël suivie de la signature de la paix entre les deux pays, la guerre entre l'Irak et l'Iran et la crise algérienne vont faire de l'islam une idéologie politique intervenant dans la vie quotidienne des citoyens. Les Frères musulmans prendront les armes et réussiront à assassiner Sadate; des milices libanaises rejoindront le mouvement Djihad islamique sous influence iranienne; au nom de l'islam, des Algériens prendront les armes; des Palestiniens en désaccord avec le Fatah, le mouvement de Yasser Arafat, créeront le Hamas, mouvement islamique de résistance, etc. L'islam apparaît armé, violent, fanatique et défiguré. L'amalgame sera fait entre une religion de paix et le terrorisme qui kidnappe, égorge, tue des innocents portant un préjudice immense aux millions d'immigrés vivant sur le sol européen. Leur vie, de ce fait, devient difficile. Qu'ils le veuillent ou non, ils sont perçus comme des musulmans pouvant menacer la paix de la population européenne. Un dicton marocain dit : « Un seul poisson avarié pourrit une caisse de poisson frais. » Les immigrés ont été montrés du doigt le jour où un de leurs compatriotes a été impliqué dans une affaire de terrorisme. Il suffit d'un délit commis par un musulman, surtout quand il le fait au nom de l'islam, pour que tous les musulmans soient considérés comme des terroristes en puissance. Cette vision est caricaturale mais elle est fréquente. La suspicion est dans l'air. Les gens se méfient et cultivent leurs préjugés.

Le 11 septembre 2001, le monde arabe et musulman n'a pas applaudi ni fait la fête même si certains imbéciles, très rares, ont osé se réjouir de cette catastrophe. Le monde arabe a dû pleurer parce qu'il savait que la facture, la très lourde facture de cet horrible attentat, ce sera lui qui la payera. L'Arabe est devenu suspect, subissant des fouilles humiliantes aux frontières de la plupart des pays. Son image a été salie. Sa parole n'a plus été écoutée. L'Arabe était réduit à l'image d'un terroriste ou d'un candidat à l'attentat suicide. La guerre d'Irak – une erreur et une catastrophe historiques – a permis au terrorisme cruel de se développer. C'était prévu. Le monde entier avait prévenu Bush, mais ce président belliqueux n'a suivi les conseils que d'un groupe de fondamentalistes et a envahi l'Irak.

Venons-en à la vie quotidienne des immigrés en Europe. C'est à travers leurs enfants, arrivés très jeunes en Europe ou nés sur le sol européen, que la question de l'islam se pose. Quelle culture léguer à ces enfants ? L'islam n'est pas qu'une religion monothéiste. C'est aussi une morale et une culture qui guident les faits et gestes du croyant. Tout en ayant un haut niveau de spiritualité (le soufisme – mystique – a produit une des plus belles poésies de la littérature mondiale), l'islam est une religion temporelle : il dit comment mener son existence dans le respect des valeurs qu'il défend. C'est cet héritage que les immigrés tentent de transmettre à leur progéniture. Jusque-là, les choses sont simples. Mais à partir du moment où le processus d'intégration est en panne, qu'un pays comme la France n'a pas de politique d'intégration, les enfants de cette immigration se retrouvent abandonnés à eux-mêmes ou à ceux qui cherchent à les endoctriner, qui tentent de leur donner une identité, une fierté, celle d'être musulman, pas à la manière tranquille des parents, mais à la manière offensive des islamistes qui étendent l'islam à la solidarité avec tous ceux qui souffrent d'occupation (les Palestiniens) et de répression (les Tchétchènes, les Afghans, etc.).

L'ennemi est tout désigné : l'Occident, en particulier les Américains qui soutiennent contre toute justice la politique meurtrière du gouvernement israélien. Voilà comment les conflits de Palestine et d'Irak se retrouvent importés sur la scène européenne. Vision schématique, vision brutale, mais qui a l'avantage de convaincre les jeunes issus de l'immigration vivant des frustrations intolérables.

Tous ne le sont pas, mais il suffit que les recruteurs parviennent à convaincre un ou deux jeunes par quartier pour constituer une petite armée dans l'ombre. Du fait de leur identité européenne, ces jeunes circulent avec des passeports européens et passent plus aisément les frontières que des militants du monde arabe qui ont besoin d'un visa. C'est ainsi que Al-Qaida a réussi à entraîner des jeunes franco-maghrébins dans des actions de terrorisme international.

Les parents sont les premiers à dénoncer cette situation et à s'en attrister. L'amalgame entre immigré et terroriste est vite fait sans même avoir le temps d'expliquer que ce que font ces jeunes est contraire aux principes élémentaires de l'islam, que les répercussions de ce terrorisme et de cette barbarie seront néfastes et cruelles pour les immigrés paisibles qui travaillent durement pour assurer l'avenir de leur famille. À qui la faute ? Qui est le premier responsable de ce gâchis ?

Pour ne parler que du cas de la France, il semble évident que tous les gouvernements qui se sont succédé depuis mai 1981 ont oublié de s'occuper de cette génération née en France. Des alertes en tout genre ont été données. Des études ont démontré que, si la France ne résolvait pas les difficultés de cette génération rapidement, elle connaîtrait des problèmes beaucoup plus graves.

Contrairement à la Grande-Bretagne et à l'Allemagne, la France est un pays à vocation intégrationniste. Du fait de son histoire coloniale, du fait du partage d'une mémoire franco-maghrébine, la France ne pouvait qu'intégrer les enfants des millions d'immigrés qu'elle avait fait venir. Les

Anglais et les Allemands sont différentialistes, c'est-à-dire qu'ils considèrent que l'immigré a sa culture, l'aident à ce qu'il la développe et ne l'invitent pas à rejoindre la population britannique et allemande de souche. Chacun a droit à sa différence, à sa culture, mais sans mélange. C'est pour cela qu'il n'y a pas de problème de voile dans ces deux pays. Parce que la France fabrique de nouveaux petits Français, elle se sent obligée de leur faire respecter les lois de la République dont la principale est celle de la laïcité. Tout le problème réside dans l'affirmation suivante : « Vous êtes Français, donc vous devez suivre les traditions de ce pays. » L'islam qui est la deuxième religion de France pourrait tout à fait s'intégrer dans le tissu social de ce pays à condition de ne pas s'ingérer dans les lois françaises, lois votées par le parlement et que tout citoyen est en devoir de respecter.

C'est après de longues luttes que les Français ont réussi à séparer l'Église et l'État en 1905. Cette loi sur la laïcité a été le fondement de la vie, publique et de la démocratie. Il n'est pas question aujourd'hui de l'abandonner sous la pression d'islamistes qui veulent imposer leur vision du monde à des sociétés qui ont fait d'autres choix de vie, notamment en ce qui concerne la condition de la femme. C'est là le nœud du conflit entre islamistes et Européens : des islamistes ne tolèrent pas les libertés dont jouit la femme occidentale ; ils ont peur que leurs filles, femmes ou sœurs soient « contaminées » par ces libertés. D'où l'imposition du voile. Ce qui revient à dire : « Nous ne voulons pas de votre mode de vie ; nous avons nos traditions et au nom de la liberté nous exigeons de les vivre ! » Cette position repose sur un malentendu. La laïcité n'interdit pas les religions, elle les respecte et les protège. En même temps, elle permet à l'athéisme d'exister ; elle donne la liberté à chacun de croire ou de ne pas croire, bref, elle responsabilise l'individu. Or ces islamistes viennent de pays où on ne reconnaît pas l'individu. Il y a là deux visions de l'homme opposées et contradictoires. La lutte contre l'islamisme doit se faire en Europe sur plusieurs fronts. Il faut : établir une politique généreuse et sérieuse d'intégration, mieux expliquer ce qu'est pour un État comme la France la laïcité, impliquer de plus en plus les immigrés et leurs enfants dans des projets de société.

Tant que des jeunes n'ont pas de travail, traînent dans les banlieues, deviennent parfois des délinquants, tant qu'ils sont désœuvrés, ils seront disponibles pour n'importe quelle aventure. Tout est possible. Ils peuvent devenir des citoyens responsables et volontaires comme ils peuvent être attirés par des charlatans qui leur parleront d'un islam vengeur, d'un islam « qui les sauvera ».

Islam vulnérable
(*La Repubblica*, 10 octobre 2006)

Pourquoi certains musulmans de par le monde réagissent-ils de manière violente et disproportionnée à chaque fois qu'un regard critique est posé sur l'islam ? Pourquoi des esprits s'échauffent-ils, perdent-ils leur calme et se sentent-ils profondément blessés par des paroles ou des hypothèses comme celles émises par le pape Benoît XVI, lors de son discours de Ratisbonne, le 20 septembre 2006 ? L'islam est-il si fragile ? Serait-il si vulnérable qu'à la moindre occasion des croyants descendent dans les rues et manifestent brutalement comme si le destin d'un milliard de personnes était menacé ?

Les réactions de grande violence qu'a suscitées la publication des caricatures de Mahomet – il y a eu plusieurs morts, des bâtiments diplomatiques ont été incendiés, certains produits ont été boycottés, etc. – étaient tellement disproportionnées que je m'étais déjà à l'époque interrogé sur cette susceptibilité, signe que l'islam était à ce point fragile qu'un ensemble de caricatures sans grand intérêt suffisait à le mettre en crise.

En fait ce n'est pas l'islam qui est vulnérable mais certaines populations musulmanes qui ont confié à cette religion tout leur être, leurs aspirations, leurs espérances et leur existence. Ne vivant pas sous des régimes réellement démocratiques, elles se sont tournées vers la religion qui apporte des réponses à toutes leurs questions. Elles ne vivent que par et pour l'islam. Cette religiosité a presque disparu en Occident, et le pape le constate et le regrette.

Nous retrouvons les mêmes réactions aussi virulentes, aussi insensées, après le discours du pape. Il se trouve que j'ai lu entièrement ce discours. Il est très intéressant. C'est celui d'un théologien, d'un homme qui réfléchit sur les religions et leur rapport au monde. C'est un texte érudit, bien écrit et surtout c'est une apologie de la raison, celle qui donne la lumière à la pensée et à l'action.

Mais qui a lu ce texte? Certainement pas ceux qui sont sortis ahuris et ont brûlé en effigie le portait de Benoît XVI.

Le texte parle du rapport entre religion et violence, se réfère à un dialogue que l'empereur byzantin Manuel II Paléologue mena en 1391 avec un persan lettré sur le christianisme et l'islam. Benoît XVI cite des phrases peu amènes sur l'islam et le recours à la violence pour répandre la foi. Ce passage du texte est maladroit. Même s'il fait référence au XIVe siècle, les musulmans d'aujourd'hui l'ont pris comme une agression contre leur religion telle qu'ils la pratiquent. Il est vrai que le pape aurait dû mentionner l'âge d'or et les siècles de lumière des Arabes et de l'islam, rappeler qu'il y a eu au VIIe siècle un mouvement rationaliste, celui des mutazilites qui ont été combattus pour avoir tenté de répandre la raison dans la foi, et que chrétiens et musulmans ont coexisté dans la paix durant sept siècles en Andalousie.

Le pape Benoît XVI ne sait peut-être pas que, depuis une trentaine d'années, l'islam a été détourné de son message de paix pour devenir dans certains pays une idéologie de combat contre l'Occident. Il est plus facile de fabriquer un fanatique qu'un intellectuel qui pense, doute et discute. Aujourd'hui il est difficile d'évoquer les rapports que l'islam entretient avec l'Autre, l'Occident. Comme il est compliqué pour un musulman calme et serein de parler de liberté du culte, de laïcité ou pire encore de l'athéisme. L'intolérance paralyse le débat. C'est un vrai problème entre musulmans. En Algérie et en Égypte, on a tué des libres penseurs, des philosophes qui doutent. Nous ne sommes pas dans une période de lumières, nous sommes en crise. Et le pape a négligé cet aspect.

Le christianisme est passé par là, par cette violence, par des brutalités terribles. Le monde musulman réagit avec cette virulence parce qu'il n'est pas apaisé, parce qu'il n'est pas heureux, parce qu'il voit que des musulmans sont maltraités, humiliés dans certains pays, parce qu'il constate que la justice n'a pas été rendu au peuple palestinien. Là est la raison de ces réactions disproportionnées, attisées par des médias en particulier des télévisions satellitaires qui mettent de l'huile sur le feu.

Il est temps que des responsables religieux calment cette virulence et engagent le vrai dialogue avec les autres, parce que nous sommes condamnés à vivre ensemble.

Vivre ensemble. Le cas du Maroc
(*Le Mensuel*, octobre 2009)

Voltaire disait à propos du fanatisme qu'« il est à la superstition ce que le transport est à la fièvre, ce que la rage est à la colère. Celui qui a des extases, des visions, qui prend des songes pour des réalités, et ses imaginations pour des prophéties, est un enthousiaste ; celui qui soutient sa folie par le meurtre est un fanatique ». C'est aussi un amour exclusif de la vérité, sauf que pour le fanatique seule sa vérité a droit à l'existence. Il n'y a pas de place pour le doute. Il ne peut imaginer qu'il existe d'autres façons de voir et de vivre. Seule sa conviction est valable et devrait devenir celle de tout le monde.

Le fanatique n'aime pas la dualité, le regard dans le miroir ; il ne supporte pas de discuter, c'est-à-dire d'échanger des idées, d'en débattre et d'arriver parfois à reconnaître que les idées des autres ont autant de valeur et de vérité que les siennes. Il n'aime pas les intermédiaires, ceux qui établissent des liens, qui construisent des ponts entre les différences.

La révolution iranienne, dès qu'elle s'est bien installée, a commencé par assassiner tous ceux qui œuvraient pour le rapprochement de l'Orient et de l'Occident. Le fanatique n'aime que lui-même ou bien celui qui est aussi fanatique que lui en soutenant le contraire de sa pensée. La guerre civile algérienne des années 1990 a éliminé les intellectuels qui voulaient entretenir le dialogue entre les francophones et les arabophones, entre les religieux et les laïcs. L'Algérie a perdu en quelques mois un nombre important de son élite intellectuelle.

Tout cela est fait au nom d'une religion transformée pour les besoins de la cause en idéologie meurtrière. On a beau dire et répéter que l'islam est étranger à cette idéologie, que le Coran et les textes du Prophète prônent la tolérance et le dialogue, les fanatiques n'en démordent pas. Ils agiraient au nom de la religion et se sacrifieraient pour le bien des musulmans.

Au Maroc nous n'en sommes pas encore à cette radicalité même si des tentatives de radicalisation ont eu lieu et ont causé la mort de dizaines de personnes innocentes. L'islamisme marocain a ceci de particulier qu'il a toujours existé et qu'il n'a jamais versé dans la violence meurtrière. Le Maroc a de tout temps eu des confréries qui se sont exprimées librement sur leurs différends par rapport à l'ortho-doxie malékite. Cette tradition fait qu'aujourd'hui le citoyen marocain n'est pas étonné de voir émerger un mouvement politique ayant l'ambition bien défi-nie de « moraliser » la vie sociale et culturelle du pays.

Derrière cette ambition, et au centre des pré-occupations des militants, on retrouve le spectre de la femme, de sa condition, de sa sexualité qui rôde comme une obsession. L'islamisme exacerbé tient à écarter la femme de la vie active et à la maintenir dans un espace clos afin qu'elle ne soit pas vue, donc désirée ou simplement appréciée pour ce qu'elle est. Tout tourne autour des mœurs et de leur évolution dans la société.

Le niveau de civilisation d'une société se mesure à la manière dont la femme est traitée, dont elle est considérée, et au rôle qu'elle joue dans la société active : quel est son statut, son pouvoir, sa liberté. C'est le meilleur moyen d'apprécier l'état de progrès d'une société.

Au Maroc nous sommes sur ce plan dans une situation ambiguë et paradoxale. Les femmes sont de plus en plus libérées. Elles n'ont pas encore les mêmes droits que les hommes, mais des progrès ont été observés et on constate qu'elles participent de plus en plus à la vie politique, économique et culturelle du pays. Elles travaillent, se battent pour se faire une place dans un monde masculin. En même temps, certaines parmi elles défendent le discours islamiste et s'y retrouvent. Elles soutien-nent des positions moralisatrices en affichant une volonté de « nettoyer » la société du vice et de la délinquance.

Peut-être le Maroc devra-il passer par cette expérience islamiste pour enfin prouver que la morale et la peur de la femme, ou plus exactement de la sexualité de la femme, ne résoudront pas les problèmes majeurs et graves de notre société... Le Maroc a négligé – et continue de le faire – l'apport de la culture au développement économique et à l'épanouissement de la personnalité du citoyen. Sans projets culturels sur l'ensemble du territoire, dans les villes et les campagnes, nous maintiendrions le pays dans un état de délabrement culturel lamentable, ce qui creuse un vide profond dans lequel vient s'engouffrer l'ambition islamiste.

Il est urgent d'établir un dialogue clair et sérieux avec tous les mouvements pour que chacun puisse exprimer ses désirs et que nous prenions l'habitude d'accepter que le Maroc soit composé de citoyens différents, certains convaincus par leur foi, d'autres heureux de pratiquer leur religion en toute liberté, et d'autres enfin qui voudraient que la religion appartienne à la vie privée et qu'elle n'envahisse pas le domaine public, autrement dit, qu'une séparation de la religion et de l'État s'instaure afin qu'une laïcité puisse s'installer. La laïcité n'est pas le refus de la religion ; ce n'est pas non plus un athéisme. Au contraire, elle est respect précieux de la religion, de toutes les religions. Et le principal c'est que l'idéologie religieuse n'interfère pas dans le champ politique et culturel.

Un jour, après une conférence que j'ai donnée à la faculté des lettres de Rabat, un étudiant se leva et me posa cette question directe : « Monsieur, croyez-vous en Dieu ? » Remous dans la salle puis silence suspect. Je supposai que tout le monde voulait poser cette question mais que lui seul avait osé le faire. Je pris mon temps et lui dis : « Cela ne vous regarde pas ; c'est une question d'ordre privé et je ne suis pas là pour raconter ma vie ! » Incompréhension, huées puis de nouveau le silence. J'en profitai pour exposer mon idée de la laïcité. Là, les esprits, même s'ils n'étaient pas tous d'accord, s'apaisèrent ; ce qui n'a pas empêché que je fus abordé en partant par une jeune fille portant un foulard sur la tête qui me dit : « Entre nous, vous êtes croyant, n'est-ce pas ? Un homme comme vous c'est impossible qu'il ne soit pas un bon musulman ! »

Il est difficile d'instaurer un respect des convictions et d'entamer un dialogue intelligent sur cet aspect de notre vie. C'est ce qui manque le plus au Maroc : la liberté des débats qui fera qu'on peut tout à fait exprimer le fond de sa pensée sans encourir le risque d'être lynché ou menacé de représailles. La modernité, c'est apprendre à vivre ensemble, apprendre à s'accepter et à respecter les convictions de chacun. Or le fanatisme efface cette notion élémentaire de respect. Il l'annule. L'islam est une religion qui a donné d'innombrables et immenses intellectuels au monde. Il ne faudrait pas qu'à cause de quelques excités cette image et cette belle tradition soient oubliées et remplacées par une vision négative, par l'amalgame, trop fréquent en Occident, entre islam et terreur.

Le Maroc a toujours été le pays de la modération. Il faut qu'il l'affirme et que l'État œuvre pour que ce qui est public reste dans le domaine du public et ce qui est privé reste dans la sphère de l'intime. Sinon, nous donnerons à nos enfants de mauvaises habitudes et nous les enfermerons dans un univers pathologique et régressif, un monde obscur, confus, où l'unique porte de sortie ouvrira sur la violence.

Qu'en est-il de l'islamisme durant le « printemps arabe » ? Le logiciel islamique est périmé.
(*Die Zeit*, 22 avril 2011)

Personne n'avait prévu la révolte des peuples arabes. Ni les services de renseignement, particulièrement efficaces et bien implantés dans ces pays, ni les analystes politiques, universitaires ou journalistes, ni la simple police et surtout pas les leaders des mouvements d'obédience islamique, des plus radicaux aux modérés. L'étincelle qui a mis le feu aux poudres est partie le 17 décembre d'une petite ville tunisienne après l'humiliation de trop ayant poussé Mohamed Bouazizi, un vendeur de fruits et légumes, à s'immoler par le feu devant la mairie où personne ne voulait le recevoir ni écouter sa plainte.

Le fait de s'immoler par le feu n'appartient pas du tout à la culture et aux traditions arabes et surtout pas à l'islam où, comme dans les autres religions monothéistes, le suicide est interdit, puisqu'il est considéré comme un affront à la volonté divine. Le suicidé n'a pas droit à des funérailles.

D'autres citoyens suivront l'exemple de Mohamed Bouazizi, dans le Maghreb et dans le Machrek. Ils sont tous musulmans et pourtant, au moment de se sacrifier, ils ont passé outre la parole d'Allah.

La première défaite de l'islamisme a son origine dans cette désobéissance à Allah. Le fait que des centaines de milliers de gens sont sortis dans les rues pour protester contre un régime corrompu et dictatorial sans qu'à aucun moment la référence à l'islam ou à Allah ne fut évoquée prouve que le discours islamiste a été dépassé et est devenu non opérant. On pourrait comprendre qu'en Tunisie, laïcisée par l'ancien président Bourguiba (déposé de force par Ben Ali le 7 novembre 1987), puis assez réticente au fanatisme religieux en général, les manifestants n'aient pas pensé à protester au nom des valeurs islamiques. Pour la première fois, la rue arabe ne s'est attaquée ni à l'Occident ni à Israël. C'est dire combien cette révolte a rompu avec les vieilles habitudes puisque la revendication de l'islam en tant que constitution et référence majeure pour un nouveau pouvoir a été totalement écartée par les millions de manifestants. Ce qui ne veut pas dire qu'il a quitté définitivement la scène politique.

Les révoltes arabes ont ceci de particulier qu'elles furent spontanées et visaient l'entrée dans la modernité, c'est-à-dire l'émergence de l'individu et sa reconnaissance en tant que citoyen et non en tant que sujet soumis. Cette modernité, aucun parti politique existant ne l'avait réclamée de manière aussi directe.

Mais c'est en Égypte que l'absence des islamistes dans les manifestations qui ont réussi à faire partir Moubarak le 11 février dernier est la plus notable. Ce pays a en effet été le berceau de l'islamisme depuis la création de l'association des Frères musulmans en 1928. En février dernier, l'Égypte a été « libérée » sans la participation des islamistes. Les slogans que répétaient les protestataires, place Tahrir, faisaient référence aux valeurs universelles de démocratie, de dignité, de justice et de lutte contre la corruption et le vol. Les gens ne réclamaient pas que du pain, mais aussi des valeurs fondamentales pour que les régimes pourris ne puissent plus régner en toute impunité. C'est cette nouveauté qui a aidé la révolte à pénétrer dans des pays aussi fermés et autoritaires que la Syrie ou le Yémen. Le discours islamiste n'a cessé de réclamer une « hygiène morale » de l'État. Mais il a toujours sacrifié l'individu au bénéfice du clan, celui des croyants. Il n'a pas vu le peuple évoluer ; il n'a pas senti la puissance de ce vent de liberté qui se préparait en silence et même à l'insu de la plupart des acteurs de la révolte.

La nouveauté est là. Ce n'est pas la première fois que les Égyptiens sortent dans la rue en masse. Ce n'est pas la première fois que la police les réprime sauvagement ; ce n'est pas la première fois que des jeunes gens sont arrêtés, torturés et même assassinés dans les caves des commissariats de police. Mais c'est la première fois que la colère est radicale, profonde, irréversible. C'est aussi la première fois que cette révolte a pris des dimensions laïques sans que les manifestants l'aient décidé.

Quelques militants des Frères musulmans ont essayé de prendre le train de la révolte en marche. Ils ont été découragés et se sont faits discrets.

Cette absence dans la dynamique de la révolution égyptienne a eu des conséquences importantes dans le paysage politique de ce pays. Ainsi, après le départ de Moubarak et la prise en main de la direction de l'État par les militaires, les islamistes se sont retrouvés dans la mêlée, faisant partie d'un ensemble de partis politiques, mettant une sourdine à leur fanatisme devenu anachronique, ce qui n'empêchera pas certains d'agresser leurs compatriotes coptes.

Comment et pourquoi les islamistes ont-ils raté le train ?

Les Frères musulmans connaissent une crise interne depuis longtemps : les nouvelles générations ne s'entendent pas avec les anciennes. Le discours et les méthodes ne fonctionnent plus. Cette crise a connu son éclatement au moment de la révolte du peuple. Les Frères musulmans se sont trouvés dépassés, marginalisés et plus personne ne croyait à leurs litanies. Le mouvement ne disparaîtra pas pour autant. Il aura sa place dans le panel démocratique. On estimait avant le départ de Moubarak que les islamistes ne dépasseraient pas les 20 % des votes en cas d'élections libres. Aujourd'hui on minimise ce score.

On constate la disparition du discours islamiste aujourd'hui chez les jeunes Libyens qui résistent contre la fureur du dictateur Kadhafi. Là encore ce sont de nouvelles générations qui sont aux commandes de la résistance à Benghazi. La plupart ont moins de trente ans ; certains sont rentrés d'Europe et d'Amérique où ils étudient ou travaillent. Ils sont arrivés avec de nouvelles méthodes de lutte, notamment à travers Facebook, Twitter et des reportages par téléphone mobile. Le discours kadhafiste ne les touche pas. Ils ont brûlé « le livre vert », ramassis de pensées égocentriques sans fondement et sans intérêt.

Au début, quand les insurgés prirent la ville de

Benghazi, Kadhafi a voulu agiter le spectre de la peur et du terrorisme. Il a déclaré à des télévisions étrangères : « Ce sont des islamistes, ce sont des gens d'Al-Qaida ! » Il l'a tellement répété qu'on a bien vu qu'il cherchait surtout à faire passer un message aux Occidentaux : « Attention, si vous venez au secours des insurgés de Benghazi, vous aidez Al-Qaida. » La manœuvre n'a pas marché. Les rebelles n'exhibaient pas le Coran, ils appelaient les Nations unies, l'Amérique, l'Europe au secours. Le monde ne pouvait pas abandonner une population mal armée, face aux partisans lourdement armés du dictateur qui avait promis qu'il irait les chercher « maison par maison jusque dans les placards ».

Lorsque le Conseil de sécurité des Nations unies, avec la bénédiction de la Ligue arabe et de l'Union africaine, a voté la résolution 1973 qui a autorisé les alliés à venir au secours du peuple en danger, Kadhafi a utilisé le même stratagème : il a parlé de croisades ! Or ni la France, ni la Grande-Bretagne, ni aucun autre pays n'est allé en Libye pour tuer des musulmans. Le seul qui a tué et continue de massacrer des musulmans, c'est Kadhafi. Son discours islamiste est en décalage complet. Il fait penser à ce qu'avait fait Saddam Hussein au moment de l'invasion du Koweït en 1991 : il avait ajouté une référence islamique sur le drapeau et s'était filmé en train de prier, lui qui était un mécréant notoire.

L'Occident a longtemps cru qu'il était préférable d'avoir affaire à un dictateur plutôt qu'à des islamistes. Il a cru que des gens comme le Tunisien Ben Ali ou l'Égyptien Moubarak étaient des « remparts » contre le danger islamiste. Les Européens fermaient les yeux et aidaient ces régimes (en faisant des affaires avec eux). Du coup, l'islamisme prenait une importance qui ne correspondait pas à la réalité et aux faits. Bien sûr, les Frères musulmans contestaient le pouvoir égyptien et se présentaient comme l'alternative face au régime du parti unique. La société est traversée de plusieurs tendances politiques dont l'une est islamique, mais elle n'a pas l'ampleur et la puissance que certains observateurs occidentaux lui accordaient. Bien sûr, Al-Qaida essaya de s'implanter au Maghreb, fit des otages, rançonna des États. Mais plus personne ne pense qu'Al-Qaida est le vrai visage de l'islam.

Ben Ali, en arrivant au pouvoir en novembre 1987, avait mené une lutte acharnée contre tous les opposants, en particulier contre ceux qui se réclamaient de l'islam. Le pays connut une chasse aux sorcières et les prisons furent remplies d'opposants, qui furent torturés puis jugés et condamnés à plusieurs années de prison. Le pouvoir disait qu'ils étaient de dangereux intégristes. La lutte contre l'islamisme était devenue l'alibi parfait pour qu'une dictature puisse s'installer, museler l'opposition et faire des affaires sans que personne ne la dérange. Le leader du mouvement islamiste « Ennahda »,

Rashed Ghannouchi, qui s'était réfugié à Londres, a dit à son retour d'exil : « Je ne veux pas instaurer une république islamique en Tunisie et je ne me présenterai pas aux élections présidentielles. » *

Ce qui est nouveau et qui va changer de fond en comble les relations entre l'Occident et le monde arabe, c'est que cet alibi du terrorisme islamique ne fonctionnera plus. L'islamisme existera encore parce qu'il correspond à un besoin culturel et identitaire. Mais c'est l'absence de démocratie qui a favorisé son expansion. La démocratie bien assimilée tiendra compte des courants religieux, comme elle tiendra compte des autres courants laïques. La mouvance islamiste a été battue par le peuple. C'est le peuple qui l'a ignorée et n'a pas voulu faire sa révolution au nom de l'islam. Cela, on le doit aux nouvelles générations de la diaspora arabe et musulmane dans le monde. Le vent de la révolte a balayé dans son évolution les vieilles litanies qui cherchaient à faire revenir le monde musulman au temps du prophète Mahomet (VIIᵉ siècle). Mais les jeunes ont une nouvelle grille de lecture du livre sacré. Ils en font une lecture intelligente, rationaliste, qui n'est pas littérale. C'est cela qui est nouveau et révolutionnaire.

L'administration iranienne fut surprise et décontenancée par ces révoltes. Elle qui rêvait d'une

* Le fait que le parti « Ennahda » ait eu la majorité de voix aux élections de l'Assemblée constituante, le 25 octobre 2011, pourrait signifier l'islamisation de la Tunisie. C'est oublier que la société civile tunisienne, avec à sa tête des mouvements de femmes, reste vigilante et se battra, tout en respectant la démocratie, pour que l'islam ne s'immisce pas de manière fanatique dans la vie politique de ce pays.

république islamique en Égypte et dans d'autres pays arabes s'est retrouvée en porte-à-faux. Alors elle est venue en aide aux chiites de Bahrein et du Yémen. Mais là encore, les manifestations ont complètement ignoré les références religieuses.

Si Bachar el-Assad, le chef de l'État syrien, tombe, ce sera la fin du Hezbollah et même du Hamas. Car l'Iran soutient et finance ces partis islamistes à travers sa grande complicité avec la Syrie.

Reste la question du terrorisme au nom de l'islam. Al-Qaida est une officine invisible, non localisée, éparpillée dans plusieurs pays et dont le but est de faire du terrorisme un business rentable. La preuve en est que toutes les prises d'otages n'ont qu'un but : obtenir des rançons. Al-Qaida s'agitera, commettra des crimes probablement dans des pays qui se sont libérés des dictatures. Elle ne renoncera pas. Il n'en reste pas moins que cette officine du crime a été marginalisée et cela, elle ne le supportera pas, et ira jusqu'à revendiquer une part imaginaire de cette révolte. Le fait que les pays arabes se libèrent sans leur appui met les criminels de Ben Laden dans une position qu'ils ne pourront pas tenir longtemps.

Ainsi les révoltes arabes sonnent le glas des régimes autoritaires et illégitimes et repoussent de manière directe et sans ambiguïté la barbarie d'Al-Qaida et de ses aventuriers. Cela ne veut pas dire que c'est la fin du terrorisme dans le monde. Mais le passage par le logiciel islamique est devenu inopérant.

DU MÊME AUTEUR

Harrouda
roman
Denoël, 1973, 1977, 1982
Gallimard, 2010

La Réclusion solitaire
roman
Denoël, 1976
et « Points », n° P161

Les amandiers sont morts de leurs blessures
poèmes
prix de l'Amitié franco-arabe
Maspero, 1976
et « Points », n° P543

La Mémoire future
Anthologie de la nouvelle poésie du Maroc
Maspero, 1976

La Plus Haute des solitudes
Misère affective et sexuelle d'émigrés
nord-africains
essai
Seuil, 1977
et « Points », n° P377

Moha le fou, Moha le sage
roman
prix des Bibliothécaires de France
et de Radio Monte-Carlo
Seuil, 1978
et « Points », n° P358

À l'insu du souvenir
poèmes
Maspero, 1980

La Prière de l'absent
roman
Seuil, 1981
et « Points », n° P376

L'Écrivain public
récit
Seuil, 1983
et « Points », n° P428

Hospitalité française
Seuil, 1984, 1997
et « Points Actuels, » n° 65

La Fiancée de l'eau
théâtre
suivi de Entretiens avec M. Saïd Hammadi, ouvrier
algérien
Actes Sud, 1984

L'Enfant de sable
roman
Seuil, 1985
et « Points », n° P7

La Nuit sacrée
roman
prix Goncourt
Seuil, 1987
« Points », n° P113
et éditions de la Seine, 2008

Jour de silence à Tanger
récit
Seuil, 1990
et « Points », n° P160

Les Yeux baissés
roman
Seuil, 1991
et « Points », n° P359

Alberto Giacometti
illustré
Flohic, 1991

La Remontée des cendres
suivi de Non identifiés
poèmes
édition bilingue, version arabe de Kadhim Jihad
Seuil, 1991
et « Points Poésie », n° P544

L'Ange aveugle
nouvelles
Seuil, 1992
et « Points », n° P64

L'Homme rompu
roman
Seuil, 1994
et « Points », n° P116

Éloge de l'amitié
Arléa, 1994
et réédition suivi de Ombres de la trahison
« Points », n° P1079

Poésie complète
Seuil, 1995

Le premier amour est toujours le dernier
nouvelles
Seuil, 1995
et « Points », n° P278

Les Raisins de la galère
roman
Fayard, 1996

La Nuit de l'erreur
roman
Seuil, 1997
et « Points », n° P541

Le Racisme expliqué à ma fille
Seuil, 1998
et réédition suivi de La Montée des haines, *2004 et 2009*

Médinas
Photographies de Jean-Marc Tingaud
Assouline, 1998

L'Auberge des pauvres
roman
Seuil, 1999
et « Points », n° P746

Labyrinthe des sentiments
roman
dessins de Ernest Pignon-Ernest
Stock, 1999
et « Points », n° P822

Cette aveuglante absence de lumière
roman
prix international Impac
Seuil, 2001
et « Points », n° P967

Les Italiens
photographies de Bruno Barbey
La Martinière, 2002

Amours sorcières
nouvelles
Seuil, 2003
et « Points », n° P1173

Le Dernier Ami
roman
Seuil, 2004
et « Points », n° P1310

La Belle au bois dormant
illustrations de Anne Buguet
Seuil Jeunesse, 2004

Maroc : les montagnes du silence
(en collaboration avec Philippe Lafond)
illustré
Chêne, 2004

Delacroix au Maroc
(avec des textes de Pédro de Alarcon, Edmondo de Amicis,
Pierre Loti)
Ricci, 2005

Partir
roman
Gallimard, 2006
et « Folio », n° 4525

Giacometti ou la Rue d'un seul
suivi de Retour dans l'atelier fantôme
illustré
Gallimard, 2006

Le Discours du chameau
suivi de Jénine et autres poèmes
Gallimard, 2007

Les Pierres du temps et autres poèmes
« Points poésie », n° P1709

L'École perdue
(illustrations de Laurent Corvaisier)
Gallimard Jeunesse, « Folio Junior », n° 1442, 2007

Sur ma mère
Gallimard, 2008
et « Folio », n° 4923

Au pays
Gallimard, 2009
et « Folio », n° 5145

Marabouts, Maroc
(photographies Antonio Cores, Beatriz del Rio Garcia,
dessins Claudio Bravo)
Gallimard, 2009

Lettre à Delacroix
Gallimard, « Folio », n° 5086

Jean Genet : le menteur sublime
Gallimard, 2010

Harrouda
Gallimard, 2010

Beckett et Genet, un thé à Tanger
Gallimard, 2010

L'Étincelle
Révoltes dans les pays arabes
Gallimard, 2011

Par le feu
récit
Gallimard, 2011

Jacky Mamou
L'Humanitaire expliqué à mes enfants

Jean Clottes
La Préhistoire expliquée à mes petits-enfants

Tahar Ben Jelloun
L'Islam expliqué aux enfants

Emmanuelle Huisman-Perrin
La Mort expliquée à ma fille

Patricia Lucas et Stéphane Leroy
Le Divorce expliqué à nos enfants

Roger-Pol Droit
La Philosophie expliquée à ma fille

Antoine Prost
La Grande Guerre expliquée à mon petit-fils

Bernard Sesboüé
Le Da Vinci code *expliqué à ses lecteurs*

Jacques Le Goff et Jean-Louis Schlegel
Le Moyen Âge expliqué aux enfants

Jean-Christian Petitfils
Louis XIV expliqué aux enfants

Marc Ferro
Le XXᵉ siècle expliqué à mon petit-fils

Michel Vovelle
La Révolution française expliquée à ma petite-fille

Jacques Le Goff
L'Europe expliquée aux jeunes

Le Seuil s'engage
pour la protection de l'environnement

Ce livre a été imprimé chez un imprimeur labellisé Imprim'Vert,
marque créée en partenariat avec l'Agence de l'Eau, l'ADEME (Agence
de l'Environnement et de la Maîtrise de l'Énergie) et l'UNIC (Union
Nationale de l'Imprimerie et de la Communication).
La marque Imprim'Vert apporte trois garanties essentielles :
• la suppression totale de l'utilisation de produits toxiques ;
• la sécurisation des stockages de produits et de déchets dangereux ;
• la collecte et le traitement des produits dangereux.

RÉALISATION : PAO ÉDITIONS DU SEUIL
IMPRESSION : NORMANDIE ROTO S.A.S. À LONRAI
DÉPÔT LÉGAL : JANVIER 2012. N° 106442 (114737)
Imprimé en France